我是这样将三个女儿送进哈佛

[韩]沈活庆——著
徐 俊 郭 鹏——译

中国出版集团
中 译 出 版 社

著作权合同登记号：图字01–2024–2369号

图书在版编目（CIP）数据

我是这样将三个女儿送进哈佛 / (韩) 沈活庆著 ; 徐俊, 郭鹏译. -- 北京 : 中译出版社, 2025. 10.
ISBN 978–7–5001–8160–6
Ⅰ. G78
中国国家版本馆CIP数据核字第2025TS5643号

我是这样将三个女儿送进哈佛
WO SHI ZHEYANG JIANG SAN GE NÜER SONGJIN HAFO

出版发行：中译出版社
地　　址：北京市丰台区右外西路2号院中国国际出版交流中心
电　　话：（010）68359827，68359303（发行部）；68357328（编辑部）
邮　　编：100069
电子邮箱：book@ctph.com.cn
网　　址：http://www.ctph.com.cn

责任编辑：吴　第

排　　版：北京中文天地文化艺术有限公司
印　　刷：河北宝昌佳彩印刷有限公司
经　　销：新华书店

规　　格：710 mm × 1000 mm　1/16
印　　张：16
字　　数：176千字
版　　次：2025年10月第1版
印　　次：2025年10月第1次

ISBN 978-7-5001-8160-6　　　　**定价：**68.00元

中　译　出　版　社

前言

三个女儿都进了哈佛大学？

我今天在洛杉矶市区跑了好几个地方，处理了一些事情。一路上，我总觉得有种说不清的紧张感，因为今天是哈佛大学公布录取结果的日子。下午两点，一切将尘埃落定。如果我留在家里和小女儿惠星一起等待邮件，她可能会感到更加紧张，也更有压力。我希望像平常一样去迎接那一刻的到来，让女儿知道，我们对哈佛没有执念。

两点刚过，手机的铃声响了起来。这么快就打电话给我，预感告诉我一定是好消息。

“妈妈……我，我被哈佛大学录取了！”小女儿激动地说着，声音里夹杂着哭泣、兴奋和激动。在那一瞬间，一种难以言表的感动涌上心头。我甚至记不清那天接下来的事情都是如何完成的。

大女儿惠敏告诉我，自己在收到哈佛大学发来的电子邮件时，实在太紧张了，根本不敢打开查看。最后，是妹妹们帮她打开了邮件。当“Congratulation（恭喜）”映入眼帘时，欢呼声响起，三姐妹激动地抱在一起，场面感人至深。

在那之后，我们家还有两次收到哈佛大学录取通知的经历，但并没有变得轻车熟路，反而是一次比一次紧张和激动。三女儿惠星与姐姐们有所不同，她用视频记录下了自己打开录取通知书的那一刻。现在重新回看那段视频，当时的那份感动可谓记忆犹新。

自从惠敏被哈佛大学录取后，我和丈夫被问到最多的问题就是："惠敏更像爸爸还是妈妈？"我们很难给出准确的回答，因为她既不像我，也不像她爸爸。我和丈夫是校园情侣，曾在同一所大学、同一所研究生院学习，彼此非常了解。因此，我们常常这样回答："她既不像爸爸，也不像妈妈，可能是基因突变了。"听到这个答案，朋友们都会点头认可。既然她不像爸妈，那么基因突变的说法似乎更有说服力。

然而，从另外两个孩子也先后被哈佛大学录取后，每个见到我们的人都会好奇，把孩子送进哈佛大学的秘诀是什么？"孩子们都被哈佛录取了，她们到底像谁呀？"

我们夫妻俩还会像以前一样回答："谁都不像，可能是基因突变。"显然，这个回答已经不能让所有人都满意，他们不再点头认可，反而提出更多问题，"一个还有可能是基因突变，但不可能三个都突变吧？你们家族中是不是有什么'哈佛基因'？"听到这个词时，我开始思考："也许我们的家族确实有'哈佛基因'？"

为了回答这个问题，我开始着手写这本书。我发现，家庭教育就是我们将三个女儿送进哈佛的"基因"。希望通过对这种"基因"的介绍，为所有养儿育女的母亲们提供一些帮助。与此同时，我也希望这本书对我们的孩子们有所裨益，能帮助他们发现并唤醒自己内心沉睡的巨人。

做孩子物品的收藏家

大女儿惠敏（彼时读十二年级）的辅导老师联系我，说要给孩子写推荐信，想听听我对女儿的看法。我明白，老师是想要了解惠敏日常生活中的表现。

“妈妈一定能说得很好吧……”惠敏满脸写着担心，犹豫地说。“别担心，妈妈可以的，妈妈这里有一份非常全面的资料。”我回答道。这份资料，我一直视若珍宝，里面记录了从她小时候到现在的点点滴滴，可以说是她成长的精华集锦。惠敏惊讶地瞪大了眼睛，感叹道：“哇，妈妈，你真了不起！这些都是怎么收集的？”

在这份沉甸甸的文件夹里，有惠敏幼儿园时期已经褪色的成绩单，上面有老师一丝不苟的评语；那份由“肯塔基州市长杯”颁发的学院奖获奖作文，这份作文让惠敏回忆起每次作文活动老师写下的点评，把她带回到那段童年时光；有她参加志愿者管弦乐队的结业证书；有她在校刊上发表的文章和在毕业典礼上作为学生代表的演讲稿；有参加教会暑期夏令营的结业证书……

这份文件夹记录了惠敏一路走来的成长历程。对写推荐信的老师来说，这无疑是非常充分的参考资料，足以深入了解惠敏的品性和成长历程。起初惠敏并不觉得文件夹有多沉重，她只是高兴地将它递给辅导老师。之后惠敏告诉我，老师看到这些资料后非常感动，甚至一再对她说，有一个像我这样的母亲真是无比的幸运。

我是一个非常普通的妈妈

在听到惠敏转述辅导老师的话后，我不由得扪心自问：我当真是那么了不起的妈妈吗？

我的家境，与其说是普通，不如说很差，但是我的父亲极为热爱教育。虽然他不是大学毕业，但对诸多领域都很感兴趣，是一位非常博学的人。自己的生活没有取得很大的成就，所以，他希望子女能替自己实现那些未完成的遗憾。每天晚饭后，他就径直来辅导我们学习。当时每天都会收到一份名为“每日学习”的资料，父亲就拿着它念给我们听，并让我们做题。父亲这份对教育的热忱为我们家营造出了学习的氛围。

幸运的是，哥哥有能力实现父亲的梦想，而我并不如父亲所期待的那般聪明，所以父亲因我感到郁闷也不止一两次。在跟着父亲学习的过程中，我受到了很多批评，哭过很多次。也有过“是我脑子不好使吗”这样的想法，即使日常生活中的我经常因为机智、能言善语、对事情有很强的预判能力而受到别人的夸赞。

虽然我也有与众不同的才能，但父母似乎没有注意到。不仅如此，也许是家境不太好的缘故，除了学习以外，我没有机会学习艺术、体育，也没有机会去旅行或是发展其他的爱好。

就这样度过童年后，我迎来了一个考入梨花女子高中的机会。原本使用非平均化（即各个学校有自己的分数线）政策的梨花女子高中，在我入学的时候，采取了平均化入学政策，因此我很幸运地通过抽签，顺理成章地成为梨花女子高中的学生。

尽管是靠运气得到的机会，父亲还是非常高兴。逢人就自豪地说："我女儿考进梨花女子高中啦。"父亲在我大学毕业的那年去世了。只因为我去了梨花女子高中就那么高兴的父亲，如果还健在的话，得知三个外孙女都进入了世界知名的一流学府，又会有什么样的反应呢？这一点总是让我感到遗憾。虽然不知道父亲为什么对我考入梨花女子高中那么满意，但无论如何，这确实是改变我人生的转折点。

首先，梨花女子高中的氛围与我以前上过的学校完全不同。起初我还不明白为什么，后来才知道，关键是"自由"。其次对于饱受学业和生活之苦的我来说，在自然和谐的校园中学习本身就是一种治愈。

学校的自由精神从100多年的历史中传承下来，成了对我的"馈赠"——我可以"另眼"看世界。就这样我享受到了学校生活，体会到了一种在家里感受不到的舒适感，还有一种隐藏在我内心的东西迫不及待想要表达出来的感觉。但我并没有突然就成为优等生，也不是发挥领导能力带领班级并得到老师认可的那种学生。我仍旧是个没有存在感、安静到没有人注意、每天按部就班的普通学生。

属于我的新机会

上高二时，班主任发布班级干部名单，我的名字也赫然在列。从之前的学校经历来看，这是绝不可能会发生的事情，更勿论担任

“宣教委员”的职责。宣教委员需要负责准备各班内部活动的相关事宜，及时通知并引导班里的同学参加各种活动和庆典。

“为什么让我来做这些事呢？”这个疑问当时在我脑海中挥之不去。我确信是老师搞错了，于是去了教务室。不知道老师是出于什么考虑，他说我一定能做到，尽管我一再解释，但老师依然很坚定自己的想法。他说当班干部可以培养领导能力，这对我来说是一个好机会。“可以培养领导能力”这一点似乎触动了我内心深处的某种东西。

不出所料，宣教委员的活动并不容易。对于没有经验的我来说，拿到活动资料后，充分理解规则再组织活动是个很大的挑战。而且，班里的另一个宣教委员对这类的活动并不感兴趣。其他的很多班级也应学生们的要求，把班级活动改成了自习。班里的同学劝我也那么做，但是我不想违背学校的规定。

于是，在一年中，每次的班级活动都如期进行，从未间断。我认为这样的诚实是从一天不落地用学习资料辅导我们的父亲那里开始的。直到今天我依然不知道班主任是出于什么理由，让原本没有资格的我来担任宣教委员，但无论如何，这件事情成了我发掘自己潜能的起点。

上高三的时候，我人生的另一扇门打开了。新的班主任再次让我担任宣教委员，说我高二时尽心尽责地做好了每次的活动安排，当然应该继续做下去。随着时间的流逝，我开始苦恼升学去向的问题，老师为我推荐了一所大学。他说，在过去的一年里，我都以宣教委员的身份在引领班级，让他发现了我有教导他人的才能。他还向我介绍了教育专业。

在他之前，从来都没有人告诉过我我有什么才能，或者说根本就没有人发现我的才能，多亏这位老师，我才终于发掘出埋藏在自己体内的潜力。

发掘潜力

由于学校工作繁忙，老师的办公桌上堆满了各种书籍和文件。我总是在他面前晃悠，期待着会被交代一些有趣的工作。每每这时，老师就好像读懂了我的心思一般，分配一些任务让我去做。

他的办公桌看起来有些凌乱，桌面上贴满了备忘录，堆积着讲义和书籍——如果搞错或是弄丢了，就会很麻烦。因此，老师不怎么愿意让别人来整理自己的办公桌，可他却放心地把这个任务交给了我。尽管这只是一件微乎其微的工作，但这个过程中，我发现了自己的另外一个能力。我擅长认真思考如何将不同的书归类、备忘录要如何整理才更容易找到、讲义要放在哪个信封里才更有效率。在整理的过程中，我变得十分细心。从老师那里领悟到的诀窍，对我之后的授课过程助益良多。感谢老师，让我意识到一个人可以拥有多种才能。

如今，虽然所有工作都可以通过电脑来处理，但在当时，所有文件都必须手写完成。每周发布的通讯稿的草稿也是先手写，再通过打印机制作完成。当时，负责书写通讯稿的老师，写得一手极为漂亮的好字，很难模仿。有一天，那位老师突然辞职，我不得不接手她的工作。于是，我开始每周都刻苦练习，模仿那位老师的字体。就这样过了数年，再看那些字迹的时候，大家已无法分辨是谁写的了。也就是说，我也成了一个能写一手好字的人。

有一次，二女儿惠恩送了我一本作家马尔科姆·格拉德威尔写的《异类》。这本书中提到了“一万小时法则”。意思是想成为真正与众不同的人，需要一万小时的练习。书中举了很多例子来证明，天才的成功是通过练习来增强自己的天赋。在通过惠恩了解到这个法则之前，我已经亲身经历了这个法则。

当我入读神学院时，发现其他同学的父母要么是牧师，要么是从小就坚持信仰生活的人，像我这样在高中时才接触基督教的人寥寥无几。有时我会感到自己像个“异乡人”，和同学们不一样。即使是众所周知的赞美诗，我也会感到陌生，《圣经》里也有没看过的部分，更何况晦涩难懂的神学理论。不像其他学生那样已经有了储备，我还需继续夯实基础，因此学业成果并没有很快展现出来。

但是，学院中的课程非常有趣。我开始将所学应用于教育并对此充满热情。随着涉足的领域逐渐扩张，我在《信仰与教育》杂志上发表了文章，积极参加教育协会中的活动、举办讲座等，我的身影也更广泛地活跃在世界各地，之后便遇到了我的丈夫。

我们的成长经历极为不同，但对生活有着同样的憧憬。他理解并支持我对教育和学术实践的热情，就这样，我们一起从大学毕业，进入同一所研究生院学习，毕业后结了婚。之后，由于丈夫要去留学的缘故，我们选择去美国生活并在那里养育了三个孩子。

我作为母亲拥有的才能

回顾我的人生，实在是过于平凡了，根本没有资格被惠敏的辅导员称赞为“无比幸运能拥有的妈妈”。我周围有很多亲力亲为养育孩子的全职妈妈，而且我认为培养子女在家也能“自主学习”的母亲才是更了不起、更令人敬佩的。相比这些母亲，我感到自己实在不够格。我一直帮助从事牧师工作的丈夫，在他的工作上倾注了很多时间，而且我们的家境并不富裕，没有办法充分满足孩子们的需要，但我从未因此产生歉意，因为我可以给予孩子们其他的东西。这些东西能帮助孩子们把自己的人生过得更有意义，对世界产生积极的影响。

我是一个极其平凡、不引人注目的人，但作为一位母亲，一名教育者，我有一种才能——“发掘孩子内心隐藏的宝藏”。但这种才能又是从何而来？

在我过往的人生中，有一些人对我产生了深远的影响，帮助我发掘并培养了自己的才能，包括父亲、班主任、教授和丈夫。无论影响是大是小，有意无意，正因为有他们才唤醒了我内心深处的潜能，成就了今天的我。

作为孩子们的母亲，我比任何人都更加了解她们，我既是她们的监护人，也是她们的良师和益友。虽然每个人对母亲的定义都不尽相同，但我认为作为母亲，任务就是发现并唤醒孩子们的内在潜能和才能。要做到这样的事情，并不在于自己的学识有多渊博、生活在城市还是乡村，因为这是每个母亲都能做到的事情。

像我这样平凡的妈妈都做到了，何况是大家呢？但我做得比较好的部分是，更早地意识到了这一点，并将其融入了子女教育的实践中。

生活中，看到一粒小小的种子，大家很容易认为它是毫不起眼、没有任何价值的。但是我却会感到兴奋和激动，因为我认为它会成长继而结出美丽的果实。即使只是想象，这也是一件令人心情愉悦的事情。其实，每个孩子都像是一粒不起眼的种子，每当我看到他们时，出于教育视角和观察，脑海里会浮现出他们以后成长为繁茂大树的美好画卷。回想起来，之所以我会用这种眼光看待孩子们，是因为在不知不觉间被这样一句话影响了——“芥籽是所有种子中最小的，长大后却成为田园里最大的植物，连天上的飞鸟也停落在它的树枝上歇息。”如果父母能帮助孩子们及早发现和意识到自己的潜力，那么他们一定会有一个光明的未来。

目录

Contents

第一部分

唤醒孩子内心沉睡的巨人：父母的态度

发现者：孩子的才能最先被父母发现

充实孩子的经历

父母是最先发现孩子才能的人，是孩子出生后最先见到的人，也是与孩子相处时间最多的人。孩子在与父母无数次的亲密互动中逐渐成长起来。如果家里有两个以上的孩子，父母们会有这样的感受：比起第一胎，养育二胎、三胎期间了解孩子的时间会缩短很多。我也在抚养三个孩子的过程中，掌握了了解自己孩子的方法。

我会利用多种多样的方式刺激孩子的感官，通过反应来了解她们。与孩子在一起的时候，我努力不让自己离开孩子的视线，不断思考如何刺激孩子的五感。

虽然这种努力更具挑战性，会让育儿的过程很辛苦，但我认为这对孩子的成长会起到更加积极的作用。通过父母的刺激，孩子获取经验的空间得到了拓展，用电脑来比喻，相当于是扩充了计算机

的存储容量。存储容量较小的电脑到了一定时候就无法继续存储文件。同样，如果你草率地教孩子各种东西，也会产生反作用，因为孩子的“容量”很小。所以，在孩子年幼时，应该集中精力扩充他们的“容量”。通过各种各样的方式与孩子互动，不断刺激他们的五感，这能让孩子积累经验。孩子接受各种刺激的机会越多，就越容易发现他们的潜力和创造力。在这个过程中，父母还要注意观察孩子的兴趣和爱好体现在哪些方面。

激发才能

怀大女儿惠敏的时候，我食欲特别好，也没有任何不适。可能是因为这个原因，她从出生就非常爱吃东西，对任何事情都充满热情。尽管有遗传性的过敏，但她身体很健康，体力也很好。那时候，只有她睡了我才能休息一会儿，但她却总不肯睡午觉，无论什么事情总是想要和我一起做。面对这样一个充满活力的孩子，我的体力远远不够。但是，即使有时候没时间准备饭菜、没办法晾晒衣服或者家里乱糟糟的时候，我依然会把惠敏放在首位，总是想和她一起玩儿或者做点什么。

在各种活动中，惠敏最喜欢的是读书。当惠敏 18 个月大时，我很好奇她能够在阅读上专注多长时间，于是决定读书给她听。那次，我从下午两点开始给她读书，一直读到晚上六点。她仍不愿意停下来，我只好告诉她明天还会继续。

我很惊奇，那么小的孩子竟然能够专注四个小时。由此我知道惠敏对学习抱有巨大的热忱，所以我宁愿忍受家里的混乱，也要在各处放置书籍，以便她随时阅读。出门带书是必须的，去图书馆更是家常便饭。对学习的热情给惠敏在美国的学习产生了很大影响。这种热情一直伴随着她成长，直到她大学毕业，并决定去攻读政治学博士。

另外，惠敏从小就喜欢与人交往、互动，也能明确表达自己的想法。比起玩具，她是一个更喜欢与人打交道的孩子。因此，对惠敏来说，永远陪伴她的妈妈——我，就是最好的玩具。她喜欢问各种各样的问题，即使我的答案很长，她也会侧耳倾听、努力理解。无论面对的是来家里的客人，还是活动中遇到的长辈，她也毫不怯场，仍然充满好奇心地问这问那，甚至有点儿烦人。

抚养这样一个孩子，我教她做人要礼貌，要能理解他人，帮助她成为一个受人喜爱的孩子。作为美国社会中的少数族群，我们是在公立学校接受的教育。惠敏适应了以白人为中心的学校生活，建立了自己的人际关系，也培养了自己的领导能力。现在回想起来，当时我那么热衷于跟一个连话都说不清楚的孩子不停地交流，似乎不知不觉激发了她的能力。

树立自信

在美国，能够清晰陈述观点的演讲能力会受到高度评价。惠敏从小便自然地培养了良好的口才。

中学毕业时，她发表了一场毕业演讲。获得这个机会是一件令人引以为傲的事情。在毕业典礼即将结束之际，惠敏和一个人交谈了很长一段时间。后来我才知道他是附近一所高中的辩论俱乐部负责人，他希望惠敏能进入那所高中，并邀请她参加相关的辩论活动。尽管最终惠敏没有进入那所学校，但我相信她的演讲能力从那时开始得到了认可。

惠敏进入高中后，顺理成章地加入了辩论俱乐部。这个俱乐部的获奖成绩并不突出，而且负责的老师似乎也不太重视。一次，他们有机会参加区辩论比赛，然而在到达比赛场地后，惠敏发现找不到同伴或指导老师。比赛即将开始时，十二年级的俱乐部主席才到达了比赛现场，还说："今天是你第一次参加比赛，只需视为一次经验即可。"他的意思是即使表现不佳，也不必沮丧，但我鼓励惠敏说，只要有勇气，你就能做得很好。

这次辩论赛结束后，惠敏获得了一个大奖杯。这个成就建立在她从小培养的勇气、自信、热情、逻辑思维和表达能力等能力之上。这些能力在比赛中至关重要，与前辈的建议相比，第一次的挑战虽然收获了无与伦比的喜悦，但对她而言，所取得的成就是坚定信念和不断努力的结果。

点燃孩子才华的火种

惠星念三年级的时候，曾在班主任老师的推荐下，申请了美国加利福尼亚教育振兴院的奖学金。当时，她写了一篇题为"我热爱的事物"的文章，表达了自己对动物的关注和浓厚的兴趣。在文章中，惠星表示，动物让她的生活变得充实了许多。她从小就热衷于阅读各种动物图鉴，发现新的事物，学习如何研究动物，这种乐趣给她带来了极大的满足感。她还制定了每周一个的动物主题，以便深入研究。

起初她想成为一名兽医，但现在的她更想成为一名向世界介绍新物种的学者，并在“美国防止虐待动物协会”工作。惠星的文章充分展现了她对动物的强烈兴趣，她的兴趣在生活中也产生了巨大的影响。

对于孩子展现的热情，作为妈妈应该做些什么呢？妈妈的角色是理解孩子，帮助他们保持热情并确保他们的热情不会消退。即使孩子在十岁时对动物特别感兴趣，他也不一定会成为一名动物学家，因为孩子的梦想会随着年龄的增长、接触到的信息和知识而改变。他们可能会选择其他道路。在这个过程中，我们必须保持孩子的热情不会消退并帮助他们继续保持下去，这意味着孩子不会失去因热情带来的兴趣和喜乐。父母应该支持他们追寻梦想的方向，在这期间不断鼓励、关注和支持孩子，同时要尊重孩子的爱好，让他们有自主选择与沉浸在热衷领域的权利。

相较于姐姐们，惠星更喜欢思考一些和科学相关的问题。十年级时，她希望利用暑假去大学或医院实习。在美国，参加实习活动相当困难，通常只有靠父母或熟人的关系才有机会参与其中，像我们这样的移民家庭在美国并没有广泛的人脉，实在难以为惠星提供帮助。更进一步说，即使有人脉，高中生参与实习的机会也相对较少。

尽管面临着如此艰难的现实，惠星仍然怀着热情和执着，诚挚地撰写了自己的简历，并向附近的大学和医院研究人员发送了五十多封电子邮件。经过长长的等待，她接到了来自美国加州大学洛杉矶分校的一位研究心脏的教授的回复。经过认真审查后，教授发现惠星是唯一能够胜任的人，并邀请她面试。

在惠星之前，这个实验室从未接受过高中生的实习申请，而当惠星结束实习后，听说实验室为了找到惠星的接班人还托人四处寻找，不惜高价雇佣。这意味着惠星不仅尽责做好了分内之事，还超额完成了职责之外的工作。对于惠星来说，这是一段非常珍贵的经历，她获得了高中生难以获得的宝贵经验。

让孩子品尝自由的味道

当三个孩子都被哈佛大学录取后，周围很多人都对她们表现出了浓厚的兴趣。不仅是我，孩子们也被问到了很多问题。

有一次，我们有过这样一次对话：

“妈妈，大家好像都误会你了，我好难过。”

“他们是怎么想的？”

“他们觉得你只让我学习，会很凶地责骂我，会用管教奴隶的方式管理我的成绩。更让我生气的是，有些同学还说‘和那样的妈妈一起生活一定会非常压抑’！”

当我的孩子们听到周围的误解声时，她们总是会自信地说出这些话：“我妈妈从来没有说过‘你要做作业！’‘快去学习！’‘为什么只会这个？’‘必须拿第一名！’这样的话。我并不是因为妈妈的唠叨才学习的。”

我们把三个孩子都送进哈佛大学，理所当然地会有人认为一定是父母在强迫孩子学习。然而，无论是时间上，还是经济上，我都没办法一直在孩子身边帮她们去协调一切。不仅因为是移民家庭，还因为我总是把工作放在生活的首位，花在工作上的时间远比照顾家庭的时间更多。

在这种情况下，我们的孩子为什么还能够自主学习呢？这是因为她们的学习动力不是从父母那里找到，而是自己找到的。这种自主性始于童年时期的自由。在自由自在的氛围中做自己想做的任何事情，挖掘自己隐藏的能力并从中获得成就感。不经意间，孩子们也培养出了一种无论在任何情况下，都能坦然接受挑战的态度。如果想帮助孩子发现自己的天赋，就必须为她们提供探索世界的自由，这样她们才会有失败的机会。在过度保护中长大的孩子，不可能有任何创造力和冒险精神。

年纪越小，好奇心和冒险精神就越多。如果孩子们有自由探索世界的机会，就会产生想要做些事的热情。在这样的环境中成长，孩子会发现自己的才能，创造力也会随之凸显。因此，孩子在一个自由、轻松的家庭环境中成长，是非常重要的。

三个孩子中自主性最强的是二女儿惠恩，她喜欢什么就自己动手做什么，还喜欢在属于自己的空间里尽情地想象，对制作或者画一些奇奇怪怪的东西很感兴趣。

我们一家人刚到美国时，大女儿五岁，二女儿两岁，三女儿还没出生。当时我们一家住在丈夫留学的学校附近的公寓里，虽然是政府提供给低收入家庭的公寓，但也是一套拥有三间卧室的双层住宅。由于学业的原因，丈夫比我们早八个月来到美国。在学校的帮助下，他为孩子们布置了属于她们自己的房间，里面放置了床、书桌、椅子，还有从各处收集来的玩具，看起来非常不错。一想到能给孩子们独立的房间，我非常激动和快乐。因为来美国之前住在婆家的时候，全家人都挤在一个房间里。

从那个晚上开始，孩子们就必须独自入睡了。我本以为大女儿会很喜欢属于自己的房间，能够很快适应，同时很担心二女儿如何能独自入睡。过了几个小时，当我打开房门时，发现哭泣的并不是二女儿，而是大女儿惠敏，她哭着说害怕一个人睡觉。令我惊讶的是，年纪小的惠恩从第一天晚上开始就睡得很好，在接下来的几天里，惠恩一直是一个人睡觉，而惠敏则花了更长的时间适应。

通过这次经历，我意识到有些孩子天生比其他孩子更独立。我尊重孩子们不同的样子，也会一直在背后守护着她们。在想做什么都可以的自由空间里，巨人的想象开始变得真实起来。

自由唤醒创新

从小就很独立的惠恩，在一年级开始逐渐熟悉英语，并开始感受写作带来的乐趣。她写的第一部作品叫做“朋友（Friends）”。这是一本十页左右带有插画的小书，被我一直珍藏着。从不同的角度看，这可能并不是多么了不起的事情。是的，这么说也没错。也许在某些方面，她比其他孩子略微优秀一些，但也只是在平均水平之上。然而，在完成这个小故事后，我们都称赞惠恩是全家最会讲故事的那个人。

像这样，喜欢创作的惠恩逐渐形成了自己独有的个性。找到自己喜欢的书，自己读，随手写写文章。我们夫妻俩经常这样鼓励孩子：家中没有人比你写得更好。写文章是需要耐心和毅力的，因为需要经过漫长的思考、写下来、再思考、再写下来……通过这个不断忍耐、持续练习的艰难过程后，能使你拥有写作的能力。惠恩之所以能坚持到最后，是因为在写作的过程中她感受到了喜悦和自由。让孩子早日意识到这种来自创造的快乐，也让我们感激万分。

在二女儿惠恩还是高中生的某一天，我带她去了一家由韩国人经营的美发沙龙。店老板问，最近来剪短发的学生越来越多，短发是不是很流行？然后惠恩说，她有个朋友剪了短发，所以也想尝试一下。

惠恩去学校后，同学们的反应各不相同，有人觉得短发好看，有人则认为长发更好看，有些人觉得自己也可以尝试一下。事实上，我没有向惠恩表现出来的是，这个发型看起来有点土气，不太好看。我以为典型青春期女孩的特征是拥有一头飘逸长发，但惠恩为什么要剪短发呢？

实际上，惠恩剪头发有自己的原因。因为头发太长了，梳洗需要很长时间，而且她认为青少年不一定非得留长发。当然也有可能那时的她正处于追求时尚、注重外貌的年龄。在美国，十一年级是最忙碌的时期，惠恩也不例外。与其他孩子不同的是，她主要是因为写作而忙碌。

当时惠恩的写作工作包括：完成每节课的写作作业；准备各种写作大赛；参加写作课的志愿服务；作为学生记者定期向《美洲中央日报》投稿，此外她还担任发行量为 3500 份的校报总编辑，是某非营利团体的新闻编辑，也是当地报纸的实习记者。在这种情况下，她每天完全沉浸在写作之中，写几个小时都不觉困乏。所以，她不愿意在外貌上浪费时间，把时间都投入到写文章当中去了。

她还说："头发剪短后，上学的准备工作就只需十分钟，方便极了，好处也多。只是没想到这么多人对这件事有反应。"我看着内心自由的惠恩，觉得她拥有了可以站在高处审视生活的能力，而这种自由成了创造新事物的开始。虽然惠恩写的文章随处可见，但是在我眼里却是一件件艺术品，而收集它们就是我的日常。

进入哈佛大学后，惠恩的创意性写作仍在继续。她开始上创意写作课后，有幸结识了一位写作领域里有名的教授，并非常快乐地进行创作。她与朋友们定期举行研讨会，互相评价文章，分享自己的感受。有时候她们也邀请教授参加，听取更专业的意见。

这种学习不仅仅局限于课堂，而是贯穿日常生活。因此，尽管惠恩的专业是社会学，但她曾在英语文学中获得了短篇小说的奖项。当听到惠恩获奖的消息时，我想起了她写的第一部作品《朋友》。看到她的才能在成长中得到了发挥，我感到非常地高兴。

作为孩子的第一个发现者和助力者，母亲能够准确地认识到孩子的才能并帮助他们发展自己的才能。孩子们就像原石一样，很难自我发掘和培养才能，而缺乏适当的帮助会让这一过程更加困难。因

此，有人在旁协助指导，才能真正帮助孩子发现并发展自己的才能。

需要记住的一点是，任何才能都不应该被轻视，它们可以成为塑造孩子的“原材料”。即使某些才能被盲目评判或没有被父母看重，也不应该忽视或抱有偏见。如果这种才能真正属于孩子，那么当孩子从事与之相关的工作时，他们会感到极其幸福。

请记住，孩子的幸福是一切的开端。

观察者：了解孩子的特点，尊重他们的节奏

无条件的爱，让孩子更聪明

正如前文所述，父母是发现孩子才能的人。其实，父母也应该成为观察者。作为父母，一定要认为自己的孩子是这个世界上无与伦比的存在，是最棒的存在。请记住，这种想法无论在何种情况下都不能改变。

当妈妈们看到躺着的孩子可以独自翻身，一向安静的孩子牙牙学语，会感到惊讶不已："我的孩子该不会是天才吧？"随着孩子的成长，让人感到惊喜的事情也随之变多。我也是一个普通的母亲，自然也会对孩子的表现感到惊奇。

丈夫以随军牧师的身份在韩国华川郡开始了第一份工作，在那里，像普通的家庭礼拜一样，我们每周举行一次聚会。一次聚会结束后发生了令人吃惊的事情：差不多 9 个月，才刚开始蹒跚学步的

大女儿惠敏，突然指着家里的一个东西说："这是什么？"如果只是我一个人听到了，那么大家肯定不相信我的话，但在场的人都听到了。我惊愕得说不出话来，只是呆呆地看着孩子。在场的人都说："惠敏是个天才啊！""要不要给她做天才测试？"

事实上，惠敏和一般孩子并无两样，会哭闹，会对声音做出反应，会通过笑和哭表达自己的想法等。尽管如此，我还是对女儿成长的每一个阶段感到神奇，并总是充满期待。惠敏开口说的第一句话既不是"妈妈"，也不是"爸爸"，竟然是"这是什么？"。自此，我便对孩子充满了盲目的爱。

心理学有一个术语叫作"罗森塔尔效应"。这个理论是以哈佛大学的罗伯特·罗森塔尔教授的名字命名，它是为了证实皮格马利翁效应在教育方面的影响而进行的实验。罗森塔尔教授在旧金山的一所小学对全校学生进行了智力测试，他在每个班里随机选择了约20% 的学生，将这些学生的名单交给教师，说这些孩子的智商很高。八个月后，再次对这些学生进行智力测试，令人惊讶的是，名单上的学生的平均得分真的比其他学生高。

这个理论证明教育者对孩子的称赞、鼓励和期待会产生极大的正能量。相反，教育者给出的否定性观点和信息可能会对孩子产生负面影响。父母作为孩子最初的发现者和教育者，也会带来同样的影响。

让自己变得积极向上

从惠敏开口说第一句话开始，我那盲目的爱对孩子和我自己都产生了积极影响。惠敏很聪明，时常受到别人的称赞，也得到了非常好的发展，我相信她有足够的潜力成为一个杰出的人才。虽然她很聪明，但我觉得没有必要去接受天才测试。也许是惠敏理解我的用心良苦，她的表现也完全超出了预期。

美国的公立学校设有人才选拔机制。根据测试结果，惠敏的成绩排名很靠前，在前 1%~3% 之间。如果我们愿意，惠敏可以转去英才班学习。尽管英才班所在的学校是公立的，但也会为有才华的学生提供特别的教育。惠敏在肯塔基州公立学校的英才班念完了四年级和五年级。之后，我们全家搬到了加利福尼亚州，但是各州所推行的学习政策都不尽相同，这让我们有些难以适应。

搬家后的某一天，惠敏从学校回来后心情很糟，询问她后才知道，很多课上内容都是已经学过的，这让她感到非常无聊。虽然向学校辅导员说明了情况，得到的回答却是“再看看吧”。

几个月后的某一天，惠敏独自去参加了一个考试，我毫不知情。后来才了解到，她去参加的是一种学习测试，也算是一种智力测试。与肯塔基州不同的是，加利福尼亚州的公立学校会在二年级时选拔人才，并根据成绩分成“天才班”和“英才班”两个级别。测试结果在前 0.2%~4% 之间的孩子会被分到“天才班”，而前 0.1% 的学生才能进入“英才班”。

如果孩子不在参加英才选拔的年级，学校通常会邀请一位心理咨询师来评估这些孩子是否有异于常人的天赋。如果没有，老师就不会向教育当局提出测试要求，这些孩子也不会被邀请参加测试。惠敏之所以能够接受这项测试，是因为老师们观察了她好几个月，认为她可能符合“英才班”的条件。惠敏的测试结果显示她处于前0.3%的水平。尽管没有达到老师和其他人的预期，但被称为天才的她完成了应该完成的事情，也走在了取得杰出成就的路上。

有的教育学者认为，孩子出生时大脑像白纸一样，根据父母的教育会变得有所不同。然而，也有一些教育学家持有相反的观点，认为孩子并不是以白纸状态出生的，而是具有特定遗传素质。

无论这两种观点孰是孰非，**父母在孩子树立“积极的自我”时都起着关键性作用。父母必须不断向孩子传递积极的能量，让孩子真正接受你的话，比如：“你是个有福气的孩子”“妈妈非常爱你”“其他人也非常爱你”“你努力就可以做任何事情”**。

即使不知道罗森塔尔效应，但在日常生活中，常听正面、肯定的话语长大的孩子也会拥有很强的自尊心，并积极看待自己。

为了让孩子拥有健康的自我，父母应该让孩子知道自己是值得被爱的，不应该拿孩子与他人进行比较，更不应与孩子讲条件。只有当父母认为孩子的存在本身就是一种幸福时，孩子才能更健康地接纳自己。

了解孩子的特点

“观察者”的另一个意义是承认每个孩子都有自己独特的才能。无论才能是什么，也不管别人怎么说，都要坚定地守护孩子。

不管你怎么想你的孩子，是过于胆小，还是过于外向；是性格强势，优先满足自己而不顾他人心情，还是会在兄弟姐妹中做出让步；或者觉得孩子可能会不受待见、不受欢迎等。作为观察者，父母的任务应该是看到孩子内在的潜力，承认孩子天生所具备的情感和个性，积极地帮助他们绽放出美丽的花朵。

惠星九岁时，她的班级举行了一次话剧表演。一想到和大女儿相差 10 岁的惠星即将上台表演，我就很激动。等了很久，终于看到惠星登上了舞台，但她念台词像读书一样，甚至不敢直视观众。本想去欣赏小女儿的才华，但没想到孩子的表现会这么令人失望。

大女儿惠敏在学校表演中总是扮演主角，每次表演都不会感到紧张，而且她会记住同伴的台词，如果有人忘词，还能提醒他们。因此，惠敏有一种积极的性格，不管是在人前还是舞台上，毫不怯场。二女儿惠恩也像姐姐一样喜欢站在舞台上。有时我担心孩子们太积极了，会盖过其他孩子的表现，所以我曾经很谨慎地限制她们的发挥。惠星在家里有说有笑，表达自己的意见时毫不犹豫，可她在舞台上表现出的害羞与腼腆，让我感到非常陌生。通过这次演出，我知道惠星不是一个可以像姐姐们那样侃侃而谈的孩子，她是一个不喜欢站在人前的、内向的孩子。

只是不同，并非有错

惠星也进入了姐姐们曾经就读的初中。只是短短几年，学校就发生了许多变化，最主要的是生源有了很大变化。很多来自南美的西班牙裔移民在学校附近定居，所以班级里大部分都是西班牙裔学生。英才班里也是如此，这里聚集了世界各地的学生，其中西班牙裔最多。由于环境的改变，我很担心内向的惠星无法适应学习生活，不能与其他朋友融洽相处。但我听她说教过姐姐们的老师们也认出了她，对她都极为热情，这让我十分感激。

惠星面临的另一个挑战是选择选修课程。当时她面临众多选择，包括管弦乐队、领导力、计算机和戏剧表演等。我建议她选择领导力，并鼓励她挑战自己，尝试走到人前。从惠星的角度来看，其他选择可能也不是很适合她。她害怕参加乐队后需要进行演出，计算机这个陌生的领域也让她犹豫不决，戏剧表演更是无法想象。所以她似乎找不到理由拒绝我的建议，最终决定先尝试一下，如果真的不行，就换其他的选修课。

在领导力课的第一天，我去学校门口接惠星回家时，看到了一张神采飞扬、异常兴奋的脸。一上车，惠星就打开了话匣子，不停地笑着讲述自己上的那节课是多么有趣。

“你知道今天领导力课是什么吗？我今天当了一回售货员，不仅在学校小卖部里卖了零食，收了钱，还给顾客找了零，真的太有趣了！”

惠星的性格竟然能喜欢上这样的课，确实让我惊讶不已。自那天起，我没有听到她说过想放弃领导力课的话，相反，在整个三年级期间，这是她最努力参与的活动之一。

领导力课很快就成为学校学生会活动的一部分，这门课与学校的所有学生活动都相关，协调处理学校里发生的事情，并为学生和学校提供必要的志愿服务。从策划节目到处理琐事，都是以学生为主导完成的。现在想来，这非常适合惠星，因为惠星是一个默默做事、不喜欢喋喋不休的人。在家里，如果有人需要帮助，她通常是第一个跑过去的人。无论是什么事情，她都会第一个站出来，即使不出面，也会迅速了解情况。

从前，当惠星谈到领导力时，她认为自己不仅需要有口才，能够在人前自信地讲话，还要有说服大众的能力，才能成为一个好的领导者，所以她对自己的领导力能力没有自信。但是，领导力课的第一天，在学校小卖部的经历让她意识到，帮助他人、解决大家的不便之处、提供热情的服务也是领导力的一种体现。这让她对领导力有了新的看法，也让她相信自己能够做到。

惠星全心全意地参与了这项学生会活动。如果她还有未完成的任务，即使已经放学也会继续完成。即使是朋友们没有完成某些任务，她也会毫无怨言地做完，并且依然认为那是一个很有趣的过程。随着时间的推移，惠星获得了朋友们的信任，并成为老师们心目中不可或缺的学生。她负责的事务越来越多，责任也越来越大。到八年级时，她申请成为学生会主席，并且很自信地站在台上完成了自己的竞选演讲。

在朋友们的支持和老师们的关注下，惠星最终当选为学生会主席。在策划、组织和整理学校活动的过程中，她度过了有趣而充实的八年级。同时，惠星也在这个过程中茁壮成长。如果我作为一个观察者，在认为惠星没有像姐姐们那样的领导力时，责备她为什么做不到像姐姐们一样，那么我肯定看不到小女儿绽放美丽的花朵、收获美好的果实。

尊重孩子的节奏

父母作为观察者，应该理解并尊重孩子的发展速度。这意味着我们应该以不同的视角来看待每一个孩子，因为每个孩子的成长轨迹都是独特的，他们有着不同的兴趣、天赋和个性。如果一个母亲有两个或更多的孩子，她会理解为什么每个孩子的成长速度是不同的。父母总是急切地希望孩子能尽早出人头地，但在教育孩子的过程中，必须接受孩子的成长有快有慢的事实。

三个女儿小时候，我给她们读书时，她们的反应迥然不同。大女儿惠敏聚精会神地听，很快就能理解整个故事，同时希望我能多读点书给她听，当她自己能独立阅读时更是如此。小女儿惠星也像大姐一样理解得很快，但她喜欢不同类型的书。可是，二女儿惠恩表现出截然不同的样子：比起故事的剧情发展，她更喜欢慢慢品读每一个细节，所以喜欢反复读同一本书。因此，她的阅读速度较慢，但几乎能完全理解并记住所有内容。

就女儿们的读书习惯来说，不能说哪种方法好或者不好，只是速度和理解的顺序不同而已。快速阅读把握整体概念和慢速品读直至完全理解，这两种方式都有明显的优缺点。

随着孩子们的成长，发展速度不同的孩子出现了截然相反的情况。惠敏和惠恩曾一起在家附近学习钢琴。上课时，惠敏经常被老师表扬，说她能快速阅读乐谱，演奏得也很好。但是惠恩却平平无奇，没有受到表扬也没有受到责备。

起初，我想着，惠恩毕竟比姐姐小四岁，长大了实力会有所提升的。但是有一天，惠恩开始自主地练琴。虽然练习并没有问题，但她总会很烦躁，这让我很担心。就算是跟她说以后再弹也没关系，她也不理会，只是带着愤怒继续练习。情况发展越来越糟糕，于是我和惠恩坐下来认真地聊了聊：其实，惠恩并不是因为喜欢才练习的，而是因为她觉得自己不如姐姐，也想得到老师的夸奖，所以才那么努力地练习。但结果并没有她想象中那样好，急功近利给她带来了很大的压力。

虽然这件事是由于两个孩子的成长速度不同引起的，但是让一个小孩子理解“每个人的成长速度都是不同的”并不容易。每次练琴时，惠恩都倍感压力，而家人们看着也很难受。最终，我们决定让她暂时先中止，在真正想弹钢琴的时候再开始。

我们建议惠恩放弃钢琴，转而学习小提琴。经过多方打听，我们买了一把二手小提琴，并请了一位老师来教她，在家中这是只有她才学习的乐器。现在我们家里，小提琴最好的演奏者就是惠恩，这使得她可以按照自己的节奏慢慢学习，不需要与其他人相比较。这样，她的压力消失了，小提琴也成了惠恩的一个爱好。

父母作为观察者，应该尊重孩子的学习节奏，不论是慢还是快，只要孩子按照自己的节奏发展就足够了。如果你能多给孩子一些理解和支持，他们一定会成长起来的。

陪伴孩子踏上寻找自我的旅程

一天，惠恩显得有些无聊，问我：“抓周的时候，我抓到了什么？”她大概是从哪里知道了韩国的满月宴习俗。当我回复说忘记后，她又去问爸爸，但爸爸也并没有给出特别的答案。虽然每次得到的回应都是相同的，但她总会一遍遍地问我：“我抓到了什么？

书，听诊器，还是钱？我朋友抓住了钱！你们为什么不记得了？我真的很想知道……”

对于在美国成长的韩裔孩子们来说，“满月宴”的习俗可以让他们对自己国家的文化产生兴趣，这通常也是学校里介绍亚洲文化时会选择的一种主题。美国人会举办盛大的派对来庆祝新生儿的出生，但亚洲人的风俗大不相同。因此，无论是亚裔孩子们还是外国人，都对“抓周”充满兴趣。

其实，我敷衍惠恩是因为我们从未给三个孩子办过满月宴，但由于孩子们太好奇了，总是问，我只好含糊其词。因为有宗教信仰，因此我们将满月宴换成了邀请亲朋好友一起聚会。如果早知道会这样，我一定会办满月宴让孩子们多一些韩国文化的记忆，所以现在回想起来，还是有些遗憾的。

然而，我发现孩子们对抓周时自己抓到的是什么物品十分好奇，这恰恰是她们想了解自己的表现，也许这意味着孩子们很关注自己拥有哪些才能。对于孩子们来说，她们喜欢的事物、想成为什么样的人、对哪些故事感兴趣，这些都是家长 / 父母需要关注和思考的事情。许多父母抱怨说：“我们的孩子好像没有想法”“我不知道她想做什么”，但实际上情况恰恰相反，**孩子们会在不知不觉中进行很多思考，只是家长 / 父母可能不知道而已。**

随着孩子的成长，他们会努力找寻自我。教育家认为，孩子在出生后的前三年是好奇心、热情和专注力最强的阶段。这个时期的孩子们会像海绵一样大量吸收信息，是一个集中学习的时期。因此，在这个时期，父母都会认为自己的孩子是特别的。这个时期是孩子们探索世界、学习知识的黄金时期，他们会寻找自己感兴趣的事情，并尝试去实践。通过这样的探索和实践，孩子们不断地发展和成长，找到自己独特之处，创造属于自己的故事。

美国心理学家马斯洛将人类的需求分为五个层次。第一层次是生理需求，第二层次是安全需求，第三层次是社交需求，第四层次是尊重需求，最后的第五层次是自我实现的需求。根据马斯洛的理论，当人们满足了底层的需求后，他们会尝试满足更高一层次的需求。如果将这个理论应用于孩子身上，孩子们最需要的是从父母那里得到像食物、水这样的生存必需品。当这些得到满足后，孩子们为了满足自我实现的需求会提出其他需求。

实际上，这个理论并不止于第五层次。马斯洛在提出这个理论后，还增加了一个更高层次——“超越自我需求”。这是指愿意帮助他人实现自我、乐善好施等成熟精神层面的层次。此外，他将这个层次定义为每个层次都可以追求的价值，并不需要前提条件，也不需要经过其他层次。

客观观察的 7 种方法

正如马斯洛的理论所述，孩子们从出生开始就踏上了寻找自我的旅程。这个过程并不容易，幼儿也无法独自完成这个过程。父母应该用充满爱的眼光相信孩子的潜力，发现他们独特的才能，同时给予客观的爱和支持。

所有的父母都爱自己的孩子。也许这种爱是自然而然的，不需要刻意付出的，但并不是所有在爱里长大的孩子都能茁壮成长，结出好的果实。许多父母经常抱怨，即使给予足够的爱，孩子仍然无法健康成长，为此感到头疼不已。在这种情况下，父母应该反省自己给予孩子的爱是否正确，回顾一下，所谓的“爱”是否在实际生活中给孩子造成了伤害或痛苦。

真正的爱是让对方成长和进步的。即使是出于好意，可如果孩子没有感受到这种爱，那么从孩子的角度来看，这也不能算是真正的爱。因此，父母需要认真思考自己对孩子的爱。

作为父母，为了帮助孩子在实现自我之旅中真正感受到爱，并在实现梦想的过程中获得成长，我们要扮演的角色是什么呢？**首先，我们必须承认自己只是协助者，而不是主导者。如果我们无法承认这一点，那么即使孩子长大成人，也会难以独立自主地生活。其次，只有当我们以协助者的眼光看待孩子时，才能拥有客观的观察力。如果我们的想法与现实相距甚远，或者固执地认为自己的养育方式就是完全正确的，或者对孩子的偏见或主观因素过多，那么我们就无法以客观的态度成为合格的观察者。**

很多缺乏客观性的父母普遍会有这样的想法——他们希望孩子完美无缺，不能容忍孩子犯任何错误，但许多时候，不完美反而可能成为优点。由于过分看重孩子的潜力和才能，他们试图一次性教给孩子太多东西。有时候，他们还会过度夸大孩子的能力，在周围人面前吹嘘孩子是最出色的。请记住，没有最好的孩子，只有尽力做到最好的父母。

有些父母会强迫孩子选择特定的职业，希望孩子按照他们的要求去做，告诉孩子，“你必须成为一名医生”“我们家必须得有一个律师”。他们不考虑孩子的意见，而是代替孩子决定未来的方向。有时，他们只关注结果，而不考虑孩子其实在过程中可以学到更多的东西。这些父母会将自己的偏见灌输给孩子。

另一种情况是，有些父母会过度保护孩子，阻碍孩子通过犯错来学习和成长。这种过度保护也同样会阻碍孩子的成长和发展。

作为一个家长，我努力保持客观性。为了达到这个目标，我一直致力于成为帮孩子发现自己才能的协助者，而不是主导者。作为母亲，我始终强调孩子才是主体。从孩子成长的角度来看，他们并不清楚在满足当前需求之后下一个阶段会带给自己什么。然而，那些已经经历过这个阶段的父母则可以通过经验、直觉和学习来了解下一个阶段孩子需要什么，孩子是否已经得到足够的支持，还需要做哪些准备以及将面临哪些挑战。

对我而言，最重要的是“超越自我需求”。这种需求可以在每个成长阶段实现，所以我花费了大量的时间和精力确保孩子在每个阶段都能实现这一需求。此外，我还尽力成为孩子们的榜样，让他们明白爱与帮助他人是重要的价值观。为了实现这一目标，我采取了以下措施：

1. 站在老师一边

在养育孩子的过程中，我们会遇到许多帮助者，包括学校老师、艺术老师、家教老师以及志愿者组织的导师等。孩子可以通过与这些人建立起的人际关系来实现自我发展。当孩子面临问题时，可能会情绪激动地告诉父母自己所遇到的困境，并觉得是老师的错。而在这种情况下，作为父母就需要尽可能客观地认清状况，而不是被感情所左右。我们需要了解：到底出现了什么问题？老师是否有责任？这样才能更好地帮助孩子解决问题。

在抚养三个孩子的过程中，我经常面临这种情况：我的孩子们是学校里的模范生，同时也是牧师的孩子，从小就被誉为诚实正直之人。尽管如此，我仍然坚持优先考虑老师的立场，在与孩子交流时总是站在老师的角度思考问题。通过这个过程，孩子们有机会重新审视自己的态度和观点，并意识到自己内心深处的自私心理。这也是孩子们认识自我的重要一步。

孩子们可能因为误解老师的意图而感到生气，所以如果出现问题，父母不能只听孩子的话。当孩子与老师的意见相左时，大多数情况下老师是正确的。

尽管有些老师可能行事不理性或表现奇怪，但我们应该相信老师能够正确地引导孩子。因此，父母需要准确了解前因后果，并帮助孩子快速理解和接受老师的用意。当然，孩子们可能会陷入不满或委屈的情绪中，所以父母需要做出更为理性的判断，而不是被感情左右。**除了学校老师外，与孩子建立直接关系的所有人都是协助者。**他们有时会提供客观的看法，帮助我们更客观地观察孩子。

2. 管教是必要的

管教是表达爱的另一种方式，因此它不是可选的，而是必不可少的。对于孩子来说，越年幼就越需要我们进行有效的管教。我们是一个牧师家庭，周围的人对我们的期望很高。如果其他家庭的孩子犯错，可能会被轻易地放过，但是如果是我们的孩子，则可能受到严厉的责备和批评。实际上，父母即使看到自己的孩子犯错，也应该能够接受他们，但是其他人可能不会那么容易原谅孩子的错误，因此，为了教育孩子尊重父母和长辈，我决定更加严格地培养她们的礼仪和教养。

严格的家庭管教对孩子在家之外的生活产生了积极的影响。孩子们表现得非常有礼貌、谦虚，积极参与志愿服务，常常受到他人的称赞。尽管我对孩子们的要求很严格，但其他人对孩子们都表现得非常友好和热情。

从 11 岁开始，惠敏就开始在教堂做伴奏，直到上大学之前一直尽职尽责地服务。有时她每周三四次清早起来跟着爸爸去做义工。当惠敏被哈佛录取时，最惊讶的人不是别人，而是我们教堂的信徒。大家都很好奇每天都在做义工的惠敏，是如何取得如此优异的成绩。

当我被邀请作为演讲嘉宾参加研讨会时，有人问我是如何教育孩子的。我回答说："根据孩子的年龄调整教育方式。"在孩子年纪较小的阶段，可以适当地采用严格的教育方式；在孩子成长过程中，可以通过友善的交流方式，引导他们形成正确的人生观和价值观；而现在，我们应该更尊重孩子们的个性和意见，给予他们更多的自由空间。

据说，"管教（discipline）"这个词的拉丁语词源是"门徒（disciple）"。通常，人们认为管教就是大声斥责和惩罚，但真正的管教是教育和培训的过程。这意味着鼓励对方做正确的事情，纠正不能容忍的行为。**当孩子故意做错事时，我会立即坚决地制止或纠**

正，即使再忙也从未放任过孩子。特别是当孩子说谎时，我会严厉地斥责，但不是在公共场合或有其他人在场时这样做，而是会带孩子到另一个地方或只有我们两个人时才予以批评。

我会通过反复训练来纠正孩子们因疏忽造成的错误或者不是有意为之的事情。同时，我也会让她们遵守父母制定的规矩。如果孩子们没做到，我会向她们解释为什么并给予适当的惩罚。这种管教方式是每位父母应该认真对待的重要工作，因为它有助于孩子们养成良好的习惯和规律。

3. 积极地支持

我的孩子们从小就知道我很严格，必须要听妈妈的话。但同时，**孩子们也意识到，我总是给她们机会去做自己喜欢的事情，并积极地给予支持。**

例如，我们限制了看电视的时间，每周只允许观看两小时。因此，孩子们更喜欢户外活动，我也允许女儿们尽情地玩耍。当时我们一家住在一个安全的留学生宿舍，那里的环境足以让孩子们充分体验美国的郊外生活。孩子们非常喜欢骑自行车，有很多次她们甚至骑了一整天。

由于孩子们喜欢阅读，所以她们也很喜欢去图书馆。在美国，孩子们不能独自出门，所以无论去哪里都必须有父母陪在一起。图书馆不仅提供了书籍借阅的服务，还为孩子们准备了各种文化活动。我的女儿们总是想要参加那里的所有活动，因此去图书馆就像上班打卡一样规律。

从三四岁开始，惠星迷上了收集动物玩偶，一直到中学毕业。最终她把这些珍贵的玩偶都送给了一个朋友，当时惠星的心情就像看着自己的孩子结婚一样。送出心爱的玩偶之后，惠星开始了自己的新爱好——写艺术字，这似乎与她安静的性格完美契合。她写出来的字像艺术品一样有美感。然而，有一个重要的问题需要我们解决——为她找到合适的书法老师。大多数课程都是面向成人开设的，想找到适合小女孩的老师有些困难。

不过，功夫不负有心人，惠星还是打听到了一位适合自己的老师，尽管路程比较遥远，来回车程加上课需要 4 个小时左右。但是，经过几个月的课程学习，惠星掌握了基础技能，之后就一直在互联网上自学。最终，她找到了自己独特的书法风格。

与其让惠星只关注学习和考试，我更愿意全力支持她对爱好的追求。即使需要长途跋涉，但只要看到惠星满脸的笑容和期待，我就感到非常快乐。作为惠星的母亲，我知道她需要一个可靠的后盾，我愿意一直陪伴在她身边，支持她的梦想。

4. 应对失败的计划

孩子们在寻找自我的道路时，制定计划并克服挑战是必不可少的。然而，这个世界上的事情并不总是如人所愿。在这种情况下，父母的态度对于孩子来说非常重要。如果孩子看到父母坦然面对失败，他们也能学会从容面对挫折，摆脱对失败的恐惧。

当面临失败和困境时，我们需要保持乐观和开放的心态，相信“山重水复疑无路，柳暗花明又一村”。即使现有的方法行不通，我们也可以尝试开辟新的道路，重新审视问题，从广阔的天空中汲取灵感，再次挑战自己。同时，我们也需要制定应对失败的计划，以便在未来遇到类似情况时更加从容应对。这样一来，我们的思考范围就会变得更加广阔和灵活，不仅可以避免因焦虑而做出错误选择，还能够享受挑战带来的成长和乐趣。

我并不擅长音乐和运动，因此也从来没有期望孩子能拥有这些才华。然而，我的女儿惠恩在中学毕业后突然表达了她想打网球的意愿。她告诉我，她早就想尝试，但直到现在才下定决心，甚至未来想要进入高中校队。这是惠恩经过深思熟虑后做出的决定，所以我没有阻止她。我认为追求自己的兴趣爱好并没有什么不妥，但要进入校队并不是轻松的事情。尽管如此，惠恩已经下定决心，甚至制定了详细的计划。

暑假期间，她在当地网球场接受私人课程并努力练习，为参加校队选拔做准备。虽然可能听起来有点儿打击她的热情，但我还是冷静地提醒她要应对可能无法入选校队的情况。我建议她以客观指标为依据，制定落选后的计划。一开始，惠恩可能并不愿意接受我的建议，但经过多次交谈后，她开始准备其他备选方案，如新闻、戏剧和学校广播等。

选拔的时间到来。教练告诉学生们，从周一开始，他们将与申请人一起练习，寻找有潜力的学生，然后在星期五进行最终选拔。从周一到周四，惠恩一直坚持练习，但在结束训练后，她满脸通红、略显沮丧。到了星期五，一些新来的孩子出现在了考场中。即使他们没有提前参加练习，但有出色的实力，于是在选拔当天就接受了测试。

惠恩感到非常失望，因为在选拔周中努力练习的孩子都没有被选中，取而代之的是在周五才出现的孩子们。她问我为什么会这样，我客观地告诉她，校队代表学校，就是要选择那些从小就接受训练、有实力的“种子选手”。虽然整个夏天流下的汗水没有结出果实，但我还是安慰她，要重整行装，再出发。

此后，惠恩凭借她出色的写作才华成了校刊编辑，并成功帮助校刊发行了 3500 份。参加报社活动需要花费大量时间，如果同时参加运动校队，可能会让她感到力不从心。后来，惠恩也坦率承认，她很庆幸当时没有被选入网球队。

多年过去了，我和惠恩有时会谈起那个“周五的冲击”。我告诉她，即使只有一个目标，也要全力以赴去实现它，同时也要提前制定备选计划以应对可能的失败。

美国的暑假往往都比较长，对于孩子们来说，这是走出校园、探索世界、体验新事物的关键时期。然而，对于像我们这样的移民家庭来说，为孩子提供新机会是一个挑战，因为在暑期安排活动并不容易。不同于其他事物，暑假活动并没有一个正确的答案，因此我们很难知道什么样的活动最有助于孩子的成长。每当面临这种情况时，我和孩子们都会制定备选计划，以便在未达成目标时能够顺利转换。这样，我们的孩子们每个暑假都能够获得各种不同的经历，这些人生转折点的阶段对她们大有裨益。

5. 所有遇见的人都是老师

在养育三个孩子时，我通过参加活动、听讲座、参与非营利组织的志愿工作等方式结识了各种各样的人。其中有些人是听说我家孩子的传闻后，特意登门拜访的，大多都是孩子的妈妈。

那些表现出谦虚态度的孩子家长给我留下了深刻的印象。这些妈妈们总是认为自己的孩子还有很多需要学习的地方。她们知道自己的孩子不是完美的，但也知道自己有很好的教育方式，能够帮助孩子取得进步。这种态度非常令人钦佩。相反，有些家长认为自己的孩子是最好的，自己的养育方式也是最优秀的，这种态度可能让人感到害怕，难以开口和她们交流孩子的问题或烦恼。

当遇到谦虚的家长时，我总是感到很放松，觉得可以坦率地与她们交流女儿们的缺点并听取一些建议。

作为孩子的父母，我们需要采取的一种态度是，把每个人都看作是老师，从每个人那里学习经验。其他父母养育孩子的经验可以成为很好的学习素材。无论是成功的教育经验、痛苦的经历还是失败经验，都能为我们提供帮助。

没有无用的经验，这些经验可以帮助我们审视自己的教育方式。只要愿意谦虚听取、接受别人的经验与建议，我们就会成为更好的父母。我也时常保持谦虚，像那些曾经遇到过的妈妈们一样，一直保持学习的态度。有一句古话“智者从过路的奴仆那里也能学到知识”，这话很有道理，因为每个人都有自己的智慧。

如果我向周围的人这样说，他们可能会问：“为什么还想听别人的故事，你已经很好地养育了自己的孩子，为什么还会感到遗憾和好奇呢？”但事实上，学习无止境，即使孩子已经长大成人，周围还是有很多正在养育孩子的后辈。我可以分享我的经验，同时也可以学到新的方法和智慧。因此，我仍然喜欢听取其他父母的各种育儿方法，通过了解他们的养育方式，可以获得更多的智慧和经验。

作为父母，如果这些智慧和经验适用于我们的子女，那么我们应该持有一种敞开心扉接受的态度。孩子们能从我们身上看到，自然而然地也拥有同样的生活态度。即使是需要我们帮助的人、不如我们的人、社会地位较低的人，他们身上也有值得我们学习的地方。

在我的女儿们进入哈佛大学之前，许多导师给予了我巨大的帮助。他们的经验、建议、关怀、爱心以及责任感让我们的孩子们认识到先为他人考虑的重要性。

6. 帮助孩子找到导师

当孩子们在探索自我迷失方向时，若有人能帮助他们找到正确的道路，这将是他们毕生难忘的经历。这样的人就是导师。

孩子们还年幼，经验不足，不知道应该向谁求助来解决问题。在这种情况下，父母有责任引导孩子们找到合适的导师。在我家，孩子们的导师主要是学校的老师。

有一次，惠星拿到了经济学期中考试的成绩单，发现只得了 75 分，这是她迄今为止从未得过的低分，也让我们感到有些担忧。这门课是大学先修课程（AP）中的一门，惠星在更难的课程中表现得也不错，但在她认为比较简单的课程中却遇到了困难，同班其他学生也是如此。教授年事已高，授课标准过高，再加上这是一门网课，我们无法找教授当面请教。

当我们束手无策时，认识了一位负责管理线上授课的老师，我们向他说明了情况。他说会与教授联系，还表示自己大学里学习的也是经济学专业，可以为我们想办法。这位老师是目前唯一能够帮助孩子克服困难的希望，因此我建议孩子们将他视为自己的导师，在与经济学课程相关的问题上向他寻求帮助。

从那一天开始，惠星总是抽出时间去找那位老师，向他请教自己不懂的问题并努力理解教授所要求的内容。当惠星发现其他学生也遇到了类似的问题时，便充当了学生和教授之间的桥梁，帮助他们也解决问题。由于这位老师的帮助，我们成功地申请上了大学，从危机中脱离出来。

在生活中，当我们遇到意想不到的困难时，能够找到良师益友，就有机会找到出路并掌握方向。作为父母，我们应该保持敏感，为孩子寻找可以提供帮助的导师。

7. 放下偏见

老一辈们常常不自觉地被社会偏见和成见所束缚，而这种来自父母的偏见可能会对孩子的价值观产生巨大的影响——强烈的错误观念会限制孩子的思维，阻碍他们的发展。

我们从韩国移民到美国，算得上是少数族裔，很多人对少数族裔存在偏见，特别是排斥非裔和轻视西班牙裔的社会氛围长期存在。虽然人们会雇用这些人工作，但却不愿意和他们住在同一社区，孩子们在学校遇到这类问题时也会很敏感。因此，许多韩国移民在选择学校时会优先考虑地区和族裔分布。

然而，一旦我们放弃了这种偏见，就能够更好地为孩子做出正确的选择。公立学校提供了许多福利，例如英才教育计划和低收入家庭援助政策等，此外，还有许多非营利性教育组织为少数族裔提供各种支持。但很遗憾，韩国移民经常会错过这些信息，而且许多韩国孩子更喜欢去富人区的学校，因此无法获得相应的优惠政策帮助。即使我们告知他们这些信息，他们也可能会因对其他种族的偏见而错过这些机会。

只要我们持有“不歧视少数族裔”的想法，那么孩子们就能享受到更多的机会。另一个需要改变的成见是盲目追求名牌大学。我并不强迫孩子们去名牌大学。你可能会问，“你不是把三个女儿都送进了哈佛吗？为什么还这样说？”我只是强调孩子们要充分发挥自己的能力。如果孩子有足够的能力进入哈佛大学，但只进入了州立大学，那么就不能说充分发挥。相反，如果孩子的能力只能考入州立大学，但坚持要进入名牌大学，这只会让孩子感到困难和沮丧。作为父母，我们应该尽可能地发挥孩子的潜力，而不是期望过高。否则，父母和孩子都会变得不开心。

还有一种成见是认为只有能赚钱的专业才是有前途的。如果父母从一开始就有这种想法，那么孩子们做出错误判断的可能性就很大。孩子们的才能是多种多样的，如果进行职业性格测试，你会惊讶地发现原来存在着如此多不同的职业，甚至有些是你从未听说过的。真正有前途的职业应该是能让孩子从事一辈子并感到幸福的工作，这样的工作无论属于哪个领域都能够取得好的成果，让孩子获得金钱不能带来的满足感。

有些父母抱怨不知道自己的孩子适合做什么，但我常给的建议是:“让孩子做自己想做的事情。”实际上，孩子们往往非常清楚自己感兴趣的事情，只不过有些父母担心孩子从事这一领域的工作会导致日后无法维持生计。只要放下对钱的执着和追求，你就能看到孩子要走的路，看到孩子的未来职业和发展方向。

世界很大，你不必担心孩子将来无法施展自己的才华。

我们的孩子总是能毫不犹豫地说出自己想做的事情。她们会很自信地表达为什么想做这件事，也不会太过在意别人的观点。这是因为她们相信我们会尊重她们的选择。

在选择专业和职业之前，我的三个女儿体验过不同领域的实习或工作。无论是在美国还是在海外，她们只想知道通过这些活动可以获得什么经验。当然，这个过程需要资金投入，包括生活费用，所以即使只有低廉的住房和极少的生活费，她们也愿意去尝试。这些活动主要由非营利组织或公益组织主办，工作地点分布很广，包括中国、日本、西班牙、墨西哥等国家和美国的华盛顿等地区。如果父母没有偏见，孩子们就可以开阔自己的视野、探索更广阔的世界。

作为“父母”，我们真的很不容易，非常辛苦。有时候需要无条件地爱护孩子，有时候还需要比任何人都更客观地做出判断，这可能让我们感到有些难堪。但是，我们必须像对待硬币一样，全面看待生活，接受生活中的困难和挑战并从中获得经验和成长。

观测者：超前一步的努力，为孩子开启机会

做先行学习的父母

词典将“观测者”定义为“善于观察情况和预测未来的人”。我认为，将父母的角色定义为“观测者”是非常恰当的。**只要父母能够站在更高层次的视角，为孩子提供帮助，那么孩子就能够获得更多的成长机会。**

在抚养大女儿惠敏的时候，所有的事情都是新鲜和陌生的，因为这些都是我第一次经历。我手忙脚乱，无法提前为孩子做好规划。最终，我没有扮演好“观测者”的角色，甚至感觉自己在追赶惠敏已经领先的步伐。这可能是因为我们一家移民后，惠敏是第一个学会英语的人，因此她能够迅速适应学校和美国文化。当面对陌生情况时，我总是需要向惠敏请教。由于文化背景的限制，我也无法提前为孩子的未来和教育做好铺垫。

但是在那个时候，美国的社会环境相对宽松，学校也会主动关心并提供帮助。每当在教育问题上遇到困难时，我都得到了很多外界的帮助。

在最初移民并定居者中，几乎没有多少人了解与教育相关的事情。即使是所谓的“1.5 代移民”，也就是在外国接受完中小学教育甚至部分大学教育的人们，也表示教育环境发生了太多的变化，许多事情他们都不知道。因此，作为父母，了解这种快速变化并获取有效信息后，具备良好的洞察力是必要的。

当惠敏进入大学时，惠星还是一个小学生。与她们的朋友的家长交谈时，我能感受到很大的差异。

惠敏朋友的家长们都认为学习是孩子自己的事情，父母无法为孩子做什么，孩子必须依靠自己好好学习。而惠星朋友的家长们谈论的则是小学、中学要去哪个学校，哪个学区最好等话题。惠星朋友的家长们非常年轻，大多从事专业领域的工作，有很高的学识和素质。他们精通计算机，英语也很熟练，因此交流也更加活跃。

世界上没有任何东西是一成不变的，随着岁月的流逝，事物总是在不断变化中。惠星与惠敏相差 10 岁，同样的教育观念不能重复使用，需要不断地改变和更新。就像那些年轻的妈妈们一样，我也认为自己应该更加努力，除了提升照顾孩子的方法外，还要学着在互联网上查找各种信息，浏览教育类书籍，通过社交网络收集信息，努力了解变化的趋势。与前两个孩子不同，我决定更早观察惠星在哪方面更具天赋。

作为父母，我们必须不断地学习和倾听，才能跟上时代的潮流和变革。我们需要敏锐地察觉教育政策的变化并尽可能积极响应。现在，信息能力已经成为父母的必备技能。刚到美国时，我甚至不会发电子邮件，但现在，如果不努力适应这个快速变化的世界，育儿的过程将非常困难。

信息爆炸时代，互联网中充斥着大量的信息。作为父母，我们需要了解计算机和互联网，善于利用这些工具获取有价值的信息，因为这对孩子的成长发展具有重大的影响。但即使拥有大量信息资源，也并不意味着我们就能成为具有前瞻性的观测者。重要的是，作为父母，我们要能够辨别真伪并从中筛选出适用于孩子的信息。通过这些能力，我们可以以全新视角为孩子创造出适合他们的新道路。

然而，我们不能完全依靠学校或其他教育机构，因为他们所拥有的信息并不一定适用于每个孩子。我们需要完全了解自己的孩子，找到适合他们的教育方式。这并不是一朝一夕就能培养出来的，需要不断地阅读书籍、感知变化、真心关心孩子才能实现。

在才能之前，先培养人品

为了发现孩子的天赋，我们首先需要重视孩子的品德教育。在美国，人们经常强调参加“社区志愿活动”的重要性，我们也深刻体会到这一点。

我们一家来到美国后，开始四处打听英语学习的方法，最终结识了一位年近八旬的大学退休教授。这位老教授每周都会来我们家为孩子提供两个小时的个人辅导。这种辅导类似志愿服务，老教授非常认真，教学也非常细致。看到这样的场景，我不禁想：如果是我，退休后也能像这样服务吗？

美国的志愿服务广泛普及到社会各个层面，人们可以很容易地在生活中体验到这种服务。那些为我们提供教诲的前辈们已经将无私奉献融入了他们的身体。他们认为志愿服务是公民的责任和义务。孩子们会自然而然地跟随父母或祖父母参加志愿活动。他们并不是从一开始就怀着帮助他人的心态去参与，而是先跟着父母参与，通过这种方式得到了教育。孩子们表现出色时，会受到称赞，还会获得小零食和玩具，同时也了解到了志愿服务的真正乐趣。从小参与志愿活动的孩子，奉献精神往往成为他们的基础品格，并深深融入身体里。**他们并不是天生拥有良好的品格，而是通过参与志愿活动逐渐养成了乐于助人的习惯**。

值得注意的一点是，志愿服务的奖励机制非常友好。它不仅有助于申请大学，还有助于就业和晋升。也许有人会认为：“应该纯粹为了服务而服务，而不是为了获得奖励或好处。”但是，对他人无私奉献的生活，单纯依靠纯洁的心灵是否足以实现呢？美国的奖励制度被系统化，因此获得志愿服务后的奖励是顺理成章的事情，没有人会因此感到羞愧，或者担心获得好处会影响他们今后的行为动机。

当我意识到志愿服务的真正意义后，决定让惠星从小就参与志愿活动，以培养良好的品格。惠星觉得从自己感兴趣的领域开始比较好——可能是因为出生在肯塔基州，所以惠星对马情有独钟——四处打听后，她发现了附近的一家农场。这个农场提供一个福利：

只要做够一定时间的志愿者工作，就可以免费参加骑马课程。这个福利对喜欢动物的惠星来说再合适不过了。

这个农场提供了一个项目，旨在通过骑马让患有肢体障碍的儿童锻炼身心，获得治疗。在这个项目中，六年级的惠星要完成的第一个任务是清理马厩里的马粪。那之后，她开始负责洗刷马匹，为它们梳理毛发。直到十年级，她志愿服务时间超过了 1000 个小时，才真正开始参与为残疾儿童提供服务的项目。这样的经历让惠星变得心地善良、乐于助人。

让这个世界跟随你，不要随波逐流

正如之前提到的，我们家的孩子每周只能看两小时电视。因为在短短的 1 分钟内，屏幕画面就会变化约 30 次。如果孩子们的注意力都集中在电视上，就会在无意识的状态下接收来自电视的信息。当我们习惯了快速的画面转换后，就会无法沉下心来体验阅读的乐趣，阅读会逐渐地被观看电视节目所取代。此外，电视还会在我们的头脑中留下形象生动的画面，之后需要很长时间才能集中注意力去学习。因此，把孩子和电视分开是非常必要的。

与电视相比，将孩子与更具吸引力的计算机分离的过程就像打仗一样。我的小女儿惠星与她姐姐们不同之处在于，计算机以一种比电视更快的速度支配着她的生活。据说，长时间使用计算机可能会对孩子的大脑全面发育造成致命影响。**因此，考虑到惠星的健康和成长，我的应对之道是——要培养一个能够与计算机抗衡并获胜**

的孩子，而不是被计算机操纵的孩子。

惠星是我们家三个孩子中动手能力最强的孩子。每当家里有新的小家具需要组装时，她会是第一个阅读说明书并动手组装的孩子。考虑到这一特点，我认为学习编程对她来说是一个很好的选择。因此，我们的小区里成立了第一个编程学习小组。

有了想学习编程的孩子们，却没有适合孩子们的编程培训班，也没有提供个人辅导的老师。因此，我们不得不打电话给当地的计算机学院，询问是否有老师能够为孩子们上课。幸运的是，我们得到了一个肯定的回答。然而，接电话的人听到这些孩子还只是六七年级的学生时，多少有些不理解为什么这些孩子要学习编程。最终，不管怎么说，孩子们的编程学习小组组建成功了，并在第二年获得了计算机认证证书。当时的监考官也感到很奇怪，因为这还是第一次有这么小的孩子来参加考试。

从那以后，开始学习编程的孩子越来越多，以至于要提前报名预约，还有其他地区的人们也闻风而动跑到我们小区来学习。现在，越来越多的学校和个人导师愿意提供编程授课，并有很多组织提供编程项目的志愿服务。**这说明，父母如果能先行一步，可能会成为打开孩子未来的钥匙。**

这样，惠星在适应新时代的过程中领先了一步。与姐姐们不同，惠星对科学和数学充满兴趣，因此获得了各种机会。特别是在六年级暑假，她第一次离开家，向成长为能够自我探索的小巨人迈出了重要的第一步。

也许是因为惠星在初中时取得了出色的 PSAT（大学入学素质

测试）成绩，从六年级开始，她就连续三年获得了参加美国约翰斯·霍普金斯大学提供的青少年学习项目的机会。这个项目非常昂贵，但由于得到了政府的支持，我们几乎没花多少钱。参与项目的孩子们可以住在大学宿舍，并在感兴趣的领域中与指导教授一起探索和学习，持续三周的时间。

此外，惠星很早就开始学习编程并获得了相关的资格证书。在九年级的夏天，她成功入选参加“COSMOS（California State Summer School for Mathematics and Science，加州数学与科学暑期学校）”的科学夏令营，这是十年级或十一年级的学生都很难获得的机会。这些经历让惠星感觉非常不错，因为她早早就发现了自己对科学和数学领域的兴趣。

因此，作为母亲，我必须时刻关注时代变化，收集信息、提前观察并鼓励孩子找到自己的兴趣和天赋，帮助孩子成长。

检查员：客观地评估孩子当下的状况，了解孩子的真实状况

“三思而后行”的六件事

我一直相信孩子是在不断试错中成长起来的。孩子年幼，凡事无法做到尽善尽美，所以必须通过不断失败和磨炼来获得成长。孩子犯错情有可原，但成人在孩子身上犯下的错误则是不容原谅的，因为孩子并不是成人的试验品。

在教育孩子这件事上，我一直秉持着“教育容不得半点闪失”的理念。对于教育者和抚养人来说，“这次错了，下次改正就好”这样的想法是十分自私的。父母可能还有试错的机会，但孩子的机会只有一次。在孩子身上犯下的错误，即使事后想要挽回，也很可能因为错失良机而难以补救，甚至无法挽回。这对父母来说可能只是一次失误，但这次经历一旦刻在孩子的生命中，其负面影响可能会伴随孩子终生。因此，为人父母者应该珍视每个孩子的成长经历，

尽力避免任何失误。

为了尽到为人父母的职责并避免犯错，我们应该坚持“三思而后行”的原则。在做出决定之前，即便是微小的决定，也需要仔细审视、谨慎考虑，反复思量是否存在疏忽和纰漏。只有通过审慎的思考，做出“三思”决策的父母，才能准确地把握孩子的真实情况。一直以来，我都坚持在以下六件事上“三思而后行”。

1. 孩子的学习动力

“孩子在上小学，尤其是在低年级时，学习成绩是否重要呢？”对于这个问题，我的回答是“只要达到平均水平就足够了。”

“如果我的孩子学习不够好，还能考上常春藤等名校吗？”这是许多小朋友家长最常问的问题之一。对此，我的回答一概是：“当然可以！”

许多家长认为自家小孩不如别人家孩子学习好。他们似乎觉得，只要不是第一名，就是学习能力不足的表现。然而，每一个孩子的发展潜力都是不可估量的。孩子越小，就越要关注他的学习意愿，而不是仅仅注重他的学习成绩。

学习意愿会随着年龄有所变化。即使成绩平平，只要孩子感受到学习的乐趣，前途同样不可限量。相反，如果孩子仅仅是迫于父母的压力，为了满足父母的期望而学习，那么即使得到第一名，也没有任何意义。尤其令人惋惜的是，当这些孩子进入更好的学校后，会遇到真正热爱学习的孩子，那么等待他们的可能是屡战屡败。即使他们很走运地顺利完成了高中学业，考上了大学，也会在大学里暴露出各种问题，因为父母已经无法企及。

如果你的孩子现在还在上小学，比起学习成绩，你更应该注意观察他是否有学习的意愿。对于孩子提不起兴趣的科目，不妨跟孩子一起聊一聊，找找原因，看看有没有可以帮到孩子的办法。同时，一定要检查孩子是否完成作业，因为诚实是小学阶段必须要学会和培养的重要品质。养成了诚实的品质后，孩子就会更加关注自己的学习和成绩，并会想要做得更好。从孩子上小学时起，我每次都会仔细检查她们作业的完成情况，以此来培养她们诚实的品质。孩子们在具备了这样的品格后，就会愿意继续探索自己擅长和喜欢的事情。

大女儿惠敏说，在上中学期间，她学会了如何有效地学习、整理学过的知识，以及如何高效地利用时间。她每天都会早早地完成家庭作业、提前复习考试的内容，然后在十点半上床睡觉，由此可见，惠敏对时间的管理十分严格。

但到了高中的一天，时间已经很晚了，她房间的灯还亮着，我进房间一看，发现她还在学习。“怎么这么晚了还在学习？”我问。孩子的回答让我此生难忘：“我本以为自己在妈妈的教导下，已经做了许多练习，取得了很大进步。可是我那些犹太朋友们平时看似不怎么学习，回到家后却会做很多的功课。所以我也想多学一会儿再睡。”

惠敏这种学习的劲头恐怕连那些犹太人也难以企及。

2. 孩子的安全感

在我们家，孩子们的生活场景主要就是家和学校。在成长过程中，我会时常关注她们能否从所处环境中感受到安全感。以惠敏为例，刚来时，我们的生活环境发生了翻天覆地的变化：周边的人群自不用说，从家庭到学校、社区都变了。即便遇见韩国同胞，也与我们在国内见到的韩国人有所不同。因此，我的首要目标便是帮助惠敏适应这突如其来的变化，让她能够找到安全感。

幸运的是，惠敏很快适应了学校的生活。这里崇尚以学生为中心的教育理念，课程设计极具趣味性，尽管有些方面与韩国不同，但她很轻松便适应了，反倒是在韩国人聚集的教会里遇到了一些麻烦。

我们的第一家教会聚集了很多韩国信徒，但孩子们用英语做礼拜，而且传教士是一对美国夫妇。所有参加礼拜的孩子都只讲英语，因此孩子们开始排挤英语不太熟练的惠敏。惠敏回到家后沮丧得大哭。但是我的丈夫却以坚定的口吻对她说："你要学会适应，不要哭，要坚持下去，这件事情爸爸帮不了你。"

虽然当时对惠敏来说很难适应，但我坚信只要她能够克服这些困难和障碍，就一定能够适应新环境。随着时间的推移，惠敏不再依赖父母，她主动走进孩子们中，直面困难并克服。最终，她不仅完全适应了新环境，还能够享受到以前未曾有过的喜悦。这是在只有美国人参与的聚会中所感受不到的安全感，因此，父母有必要确认孩子在当前环境中是否能感受到安全感。

3. 孩子的目标

如果一个人对自己的人生有清晰的目标并确定了自己要走的路，那么他在生命旅程中就不会迷失方向，人生也会变得充实而美丽。

同样地，如果孩子们能够明确自己的目标，他们的青春就不会再彷徨和迷茫。

我曾在一所韩国学校教授韩语和韩国文化，大多数学生都表示他们不知道自己的梦想是什么，也不知道该做什么，这让我感到非常惊讶。那个年纪的孩子本该是满怀梦想、为实现梦想而奋斗的时候，但听到他们这样说，让我感到有些遗憾和心痛。因此，我下定决心要让我的孩子们明确自己的目标，勇敢地挑战任何事情。

惠敏在整个九年级的暑假期间，对自己的未来规划进行了深思熟虑。最终，她决定选择国际政治学作为自己的专业，并且想努力成为联合国的工作人员。在确定了清晰明确的目标后，她的学校活动和个人行动都以最终目标为导向，并努力完成。这种制定目标和计划的习惯一直持续到大学二年级，那时她已经决定攻读政治学博士学位，并成为一名教授，尤其希望将东亚作为她的主修领域。我看着大女儿成长的过程，深刻认识到制定目标的重要性，并决定引导其他两个孩子也早早地确立自己的目标。

具体而言，在小学阶段，我们更注重培养基本态度，将“勤奋”作为学习的重点和基础。进入中学阶段，我们会创造一些机会，让孩子们了解学习方法，自主管理时间，同时体验自己感兴趣的领域。到了高中，我们鼓励她们开始思考自己想要选择的专业。

然而，很多孩子在这个时候很难提前考虑自己在大学里要学习什么专业。他们可能会担心，“如果我改变主意了怎么办？如果一开始很喜欢，但后来发现不适合了怎么办？”幸运的是，更换专业并不困难。大多数大学在完成前两年的课程后才要求学生最终确定自己的专业。尽管如此，我们仍然鼓励孩子们在高中时尝试选择专业，主要是为了了解她们感兴趣的学科是什么，以及在漫长的学习生涯中，她们对哪些事情会充满热情和兴趣。

在学校生活中，孩子们是否有明确的目标将会表现出很大的差异。一旦确定目标，就需要制定详细的计划，这样在实现目标的过程中，孩子们会获得自信和成就感。学习也不再是被动的，而是可以自发性和自主性地进行。例如，惠恩在九年级时确定了以新闻学为目标专业，并制定了相应的计划；惠星在八年级时对计算机产生了兴趣，并在十一年级时决定专攻结合了科学和历史的科学历史专业。就这样，当这三个孩子都有了明确的目标之后，她们开始为实现目标奠定坚实的基础。

4. 孩子的成功经验

让孩子有成就感是家长必须重视的事情。如果孩子缺乏成就感，就不会尝试新事物，而是陷入舒适区安于现状，错失发展创造力和挑战精神的机会。因此，应该从小就让孩子养成做事情有始有终的习惯。**在做某件事情的过程中，孩子可能会遇到困难，感到疲倦，产生想要放弃的想法。但是如果就此中途放弃，以后就很容易因为一次失败而放弃其他事情。**

也正是从小就养成了有始有终的态度，孩子们上初中后就开始自主地参与各种活动，除了特殊的原因，她们都会坚持到底，并从中获取宝贵的经验。因此，家长要及时确认孩子们的状态，不要等到最后才去核实确认相关的事情。

几乎每个城市都有为孩子们开设的多种课程，如芭蕾舞、陶艺、美术、音乐等。这些课程由政府主导运营，学生只需要支付少许费用或者完全免费。我每次都亲自开车接送孩子们去参加这些活动，除非她们生病。孩子们一开始非常喜欢这些活动，但后来有时也会感到厌倦，但既然是自己选择的，我还是鼓励她们坚持下去。完成这些课程可能需要四年甚至更长时间，最长的甚至需要七年。但当孩子们完成一个阶段时，她们就可以获得证书，从而获得巨大的成就感。

正如前文所提到的，在二女儿惠恩决定攻读新闻学专业之后，她的所有活动都围绕着写作展开。在学校中，她担任编辑并制作杂志，在校外，她参加本地报刊的实习，成为《美洲中央日报》的学生记者，并在青少年领导力计划中担任本地社区新闻编辑，积极参与各种与写作相关的活动。

有一次，惠恩提议制作一期介绍 YMCA（基督教青年会）的新闻，主要介绍该组织的各个分支机构和项目的运营情况。与负责人联系并获得许可后，惠恩就立即付诸实践了。

在制作新闻的过程中，惠恩全情投入其中，充分享受创造和实现的过程。她通过毅力和坚持，最终收获了美好的成果。作为父母，我们应该努力让孩子们养成有始有终的品质，让她们能够坚持到最后，从而体验到成功的喜悦。

5. 孩子的能量

当孩子们为实现目标而把每天的日程安排得太紧时，很可能会感到压力，内在平衡也会受到影响。在这个过程中，孩子们看到自己的朋友过得轻松自在，更加会感到疲惫不堪。作为父母，我们应该帮助孩子再次充电，鼓励孩子重新出发。通常，孩子们在学期末容易出现过度疲劳的情况。由于紧张地准备考试和应对紧凑的日程表，可能会感到压力重大、紧张不安。在这种情况下，孩子们需要的不是更多的知识，而是释放内在压力，只有完全放松之后，才能获得新的能量。

我总是努力为孩子们提供充电机会，尤其是在寒暑假期间。孩子们参加冬令营和夏季活动时，结识了许多韩裔美国人，她们相互分享情感和经历。这些孩子们知道第一代移民的父母所承受的重担多且沉重，因此通常会尝试自己克服困难，而不是向父母寻求帮助。在活动期间，这些孩子们互相支持，给予彼此信心并获得新的能量。

此外，孩子们连续十年每年夏天都前往墨西哥的集体农场进行短期活动。在那里，他们为弃儿举办暑期圣经学校，开展医疗救助活动。通过这些经历，孩子们真切地体会到原来世界上还有很多人面临着不同的苦难。他们跨越美墨边境，重新获得能量，思考着未来的生活，并发誓要努力实现自己的目标。

6. 孩子的共情能力

教育学家认为，孩子的共情能力是从父母那里习得的。父母看待世界、与他人建立关系的方式，都会对孩子产生深远的影响。因此，我们夫妇俩认为，作为孩子们的榜样，父母应该学着与他人建立良好的关系，并在任何情况下都表现出宽容的心态。我们相信，只有直接做给孩子们看，让孩子们耳濡目染，才能帮助他们健康成长。

大女儿惠敏从小就展现出了出色的社交能力。她与朋友相处得非常好，总能换位思考，理解别人的处境。在课外活动期间，她也曾与哑童们建立了深厚的友谊。她所就读的高中聚集了不同种族的学生，包括大量的西班牙裔、犹太裔以及一小部分亚裔。在一个多元文化的学校里，韩裔学生要表现出领导才能是非常困难的。而如果不能理解其他孩子并成为真正的朋友，那就更加困难。惠敏有着极强的整合能力。因此，她在不同种族的朋友中间起到了调解和融合的作用，并在老师和孩子之间也很好地扮演了桥梁的角色。

惠敏的领导能力备受老师和同学们的认可，这也在学生自治会主席的选举中得到了证明。在这个自治会中，即使只是成为会员，穿上自治会的红色制服，也被视为一种荣誉。惠敏凭借其卓越的领导才能顺理成章地当选为自治会主席，代表全校学生主持校园活动并积极参与志愿服务活动。成为自治会主席，需要与朋友、学弟学妹、老师以及学校工作人员建立良好的关系并获得认可，因此这是一项非常具有挑战性的工作。美国的大学非常重视拥有领导经验的学生，因为他们知道，有出色领导能力的学生可以通过共情能力来使整个学校社区更加强大。

孩子的共情能力是从何时开始形成的？这个问题的答案可以在家庭环境中找到。共情始于理解和尊重他人，那些深陷在自己世界中的人，是无法理解和揣摩别人的内心的。然而，没有人一出生就拥有出色的共情能力。在我看来，要培养共情能力，需要尽可能多地拓展人脉，多经历事情。

在这方面，我们的家庭可以说是一个学习共情的理想环境。我的家庭成员众多，五口之家在狭小的空间中相互碰撞，自然会产生大大小小的矛盾。在这种情况下，重要的是不放弃彼此，努力了解对方的想法，或让别人理解自己的想法并积极进行情感交流和反馈。

在倾听、提问和回答时，尊重对方是最为重要的，孩子们从父亲身上学到了这个最为重要的课程。我的丈夫有时会因专注于自己的事业而忽视孩子们。每当孩子们对父亲产生误解或不满时，他总是会认真解释自己所处的情况和那样做的原因，积极倾听孩子们的想法和反馈。

对于我来说，时间总是不够用。除了要工作和支持丈夫外，还要照顾三个孩子。照顾一个孩子或许还好，但是三个孩子是不可能一下子照顾好的。可当孩子们被问到“妈妈最喜欢谁？”时，她们总是毫不犹豫地回答“自己”，因为她们知道我总是会在她们身边。这并不是指我总是待在她们身边，而是指当孩子们需要我时，我会在她们身旁陪伴她们，理解她们所处的境况。因此，我们的孩子们才学会了如何共情。

我的大女儿惠敏在大学住宿期间被室友亲昵地称为“惠敏妈妈”。有趣的是，我的小女儿惠星在上大学时也被称为“惠星妈妈”。这说明她们守护在朋友身边，被看作是一种值得信赖的依靠。如此，能够与家人、朋友或是身边的人保持同频共振，这也是获得幸福的一种方法。

啦啦队：父母的鼎力支持助力造就孩子积极、主动的人格

孩子的自信源于称赞

“别担心，你可以的，妈妈和爸爸相信你！”这句话是我们经常对大女儿惠敏说的。当我们一家刚来美国不久时，每天早上上学前和晚上睡觉前，我们都会反复跟惠敏说这句话。也许是出于对我们的信任，惠敏总是非常勇敢和自信。除了危及生命的事情，我们总是鼓励孩子自己去勇敢面对，不要害怕。

在我们的记忆中，有一件事情是永远都不会被遗忘的。惠敏读三年级时，她和教堂的信徒一起参加了在肯塔基州列克星敦的野营活动。其中一位信徒的美国丈夫建议大家划船，想给来自韩国的传教士家庭带来新的体验。由于不是所有人都能上船，只有我们夫妇俩和几个成年人能去体验一番。几个小时后，当我们回到营地时，惠敏一看到我就撒腿跑来，紧紧地抱住我。她满脸担忧地看着我，

像一个犯了大错的孩子，一句话也不说。这一切让我感到十分惊讶。

我不知道发生了什么，就向照顾孩子们的人询问事情的来龙去脉：惠敏和其他孩子们一起去了游泳池，因为她不会游泳，所以一直坐在浮圈上玩耍。有个小朋友对她说："你不会游泳，肯定也不会潜水！"听了这话，不服气的惠敏当即就跟着孩子们去潜水了。

她一入水就开始扑腾挣扎，然后被救生员救了上来。"不会游泳，为什么要在深海潜水！"救生员的斥责让惠敏的情绪更加低落了。我抱着受惊的孩子说："妈妈没能陪在你身边，对不起。不会游泳并没有错，以后学游泳就可以了。没关系的。"

虽然没有事故发生，但毕竟是一件危险的事情。然而，惠敏总是对自己充满信心，这得益于她与父母之间亲密的关系。惠敏完全信任我们夫妻说过的话，而我们也相信她对任何事情都充满热情。随着这种互相信任的不断积累，惠敏面对世界的信心也不断增加，似乎认为可以挑战任何事情。

父母能够为孩子做得最好的一件事情，就是始终相信并鼓励孩子。通过这种鼓励和赞美，孩子们可以获得勇气和力量，从而拥有足够的自信和勇气去面对世界。

称赞会造就不轻言放弃的孩子

三女儿惠星的性格与姐姐们不同，她缺乏自信。也许是老来得子的缘故，我们没能把她培养得像姐姐们那样坚强。为了培养她的自信，我们一直在思考如何更好地鼓励她。这时，我们想到了"国会奖（Congressional Award）”。这个奖项旨在传播志愿服务精神、树立创造性挑战意识、锻炼健康的体魄、培养健康的公民意识。基于社会服务、个人发展、身体锻炼和积极探索四个评价标准，该奖项根据最终评价会颁发金、银、铜牌作为奖励。如果惠星能够完成这个项目，她将变得更加自信。尽管惠星以前并没有受过太多苦，也一直在坚持做志愿服务，但这对于她来说，仍然是一个具有挑战性的任务。

对于惠星来说，其他三个标准都很容易达成，唯独该如何去积极探索成了她的烦恼。确定什么主题、制定什么计划，这让惠星感到十分困惑。实际上，惠星的这个烦恼也有现实限制的因素，去探索遥远的地方会带来巨大的经济负担，况且她还是未成年人，必须由成年监护人陪同。但由于全家人的关注和鼓励，我们最终找到了一项可以克服所有限制的探索课题——城市探险。

美国东部的公共交通网非常完善，即便没有私家车，生活上也不会有任何不便之处。惠星告诉我，第一次去纽约时，当她看到在城市各处穿梭的地铁和公交车等公共交通工具时，感觉真的很不一样。因此，她计划在五天四夜里，仅凭公共交通和步行，探索西部城市洛杉矶。但是，西部的情况就有所不同了，洛杉矶的公共交通网不是特别发达，没有汽车的话很难去所有地方，而且这里的公共交通主要是经济状况非常差的人在使用。据说，有人在洛杉矶生活了数十年都从未乘过公交车。事实上，正是由于惠星的挑战，我也是第一次在洛杉矶搭乘公交车。

在这次城市探险过程中，为了乘坐公交车，我必须步行 20~30

分钟到车站，有时还需要换乘好几次。开车只需要 30 分钟就能到达的地方，乘坐公交却需要花费两个多小时。还有，为了遵守规定，我们不能在自己家居住，因此，在探险期间，晚上我们都去韩国城的温泉旅馆睡觉。

在这种情况下，乘坐公共交通工具在洛杉矶探险是一件较为危险的事情。有一次，为了回旅馆，我们在深夜乘坐公共汽车，发现乘客里边不仅没有女性，连东方人都没有。当时，我真的害怕极了。

因为这是大部分美国人都没有体验过的特殊课题，所以更加有趣。在完成了为期五天的探险后，她不仅学会了如何看懂地图，还记住了一些以前从未注意到的街道名称。正是由于这个原因，她写了一篇关于这次独特课题计划和执行过程的随笔，也因此获得了认可，并取得了国会奖金牌。

如果没有大家的鼓励和帮助，这次课题计划和探险在五天内是无法完成的。**身边人给予的鼓励和支持，都成为小巨人们前进的动力——在想要放弃的瞬间重新振作起来。**

筑梦人：陪孩子一起憧憬、实现梦想

放飞孩子的梦想

每个孩子都有自己的梦想。虽然在现实中这些梦想可能还无法实现，但这是他们唯一能拥有的东西。

如果孩子有梦想，那么不管这个梦想是什么，都应该得到认可和支持。父母小时候也曾经有过各种各样的梦想。或许每个人都曾被问过“你长大后想做什么？”这个问题。过去通常的答案会是总统、法官、检察官、医生、演员、老师、运动员等。但现在的孩子们可能会回答“包租公”“网红”之类的答案。我真心希望这只是玩笑话。

在年幼时，拥有梦想是十分正常的。梦想和想象的翅膀意味着充满自发性、创造性和热情。然而，当孩子们进入青春期后，时常会觉得迷茫，不知道自己长大后该做什么。这令我们感到沮丧和担忧。我们想弄明白他们内心到底在想些什么，是真的没有想做的事情，还是有其他的原因。也许这是因为青春期时，孩子们开始意识到自己的能力有限，因此产生了更现实的想法。在这个时期，孩子们可能会改变梦想，也可能会放弃它们。

当孩子表达出他们的梦想时，父母应该尊重并支持他们。不应该根据当前的现实情况而限制孩子的梦想。请记住，我们不能打击孩子的积极性。**更不能跟孩子说“那个是赚不了钱的”这种话。**

请记住，梦想是千金难买的，是难能可贵的。不能以钱来衡量梦想的价值，否则孩子最终会放弃自己的梦想，在现实世界中彷徨。一个放弃梦想的孩子会有幸福吗？仅为了赚钱而活着是多么可悲啊。父母的想法越深远、越广博，孩子内心的巨人就越强大。

经历让孩子的梦想更清晰

事实上，孩子们在实现梦想的过程中，有诸多不成熟的地方。那么，如何才能帮助孩子在不放弃、不抛弃的梦想之路上继续前进呢？

每个孩子都有自己的梦想，但梦想不是一朝一夕间就能实现的。要想实现梦想，就需要制定具体的计划并付诸实践。只有逐步完成这些计划，才能最终实现梦想。在这个过程中，父母扮演着“筑梦人”的角色。他们需要帮助孩子制定实际可行的行动计划，并在适当的时候告诉孩子应该怎么做，帮助他们克服遇到的困难和挑战。这种支持和鼓励可以助力孩子在现实生活中实现自己的梦想。对于孩子来说，这是最重要的支持方式。

我接触过很多孩子和家长，知道我们孩子成就的人会向我寻求教育建议，例如“孩子想成为医生，现在应该做什么？”“孩子将来想成为设计师，该怎么办？”这些问题是我最常听到的。对于低年级的孩子，我会给出一般性的建议，帮助他们在各个领域获得广泛的技能。然而，对于高中生来说，现实可行的计划和方法才更为有益。当与人交谈时，我感到非常兴奋，因为可以看到他们所拥有的各种不同的梦想。

现在，我想向您介绍一些令我印象深刻的案例：

我曾经遇到一个孩子，他想学习艺术专业，成为一名艺术家，曾在韩国的学校里担任志愿教师。我建议他可以用插画的方式来编写教辅资料，帮助那些刚开始学习韩语的孩子更好地理解和学习。

我也遇到过一个想同时学习计算机工程和音乐的孩子。这个孩子在国内外的音乐比赛中都曾获得过奖项。我建议他整理自己参与过的音乐活动、获奖记录等相关照片和结果，并制作成个人网站，以便与需要音乐志愿者的机构联系。同时，我还建议他尝试联系那些正在从事数据分析的教授，申请去参加实习，以获得更多计算机相关实践经验。

我还遇到一个想要在医疗机构工作的孩子。他之前在墨西哥参加过短期宣教活动，在暑期为孩子们开设的短期学校做过志愿者。由于他对患者充满同情心，我建议他开启一个新的医疗宣教项目——制作急救箱。他搜集必备的药品、药膏、消毒剂、绷带等，成功制作了急救箱，同时向当地居民提供卫生教育，并把这个项目定为每次短期活动的固定项目。

在这些例子中，孩子们在一步步迈上梦想阶梯的过程时，都会经历很多挑战。作为父母，我们应该给予他们具体的帮助，帮助他们向着梦想不断前进，并获得各种不同的经验机会。这些攀登梦想阶梯的孩子们，不仅能感受到实现梦想的喜悦，还能体验到赠人玫瑰、手有余香的快乐。

幸福的创造者：抓住孩子幸福的瞬间

孩子是父母收到的礼物

在抚养孩子时，父母需要扪心自问，是在养育自己心中构想的孩子，还是眼前的孩子。如果父母认为自己的孩子将来要成为所谓的“别人家的孩子”，并以此为目标进行教育，那么这个孩子最终会成长为什么样子呢？

如果是这样，那对孩子而言将会是极为不幸的事情。如果父母尊重并理解孩子的独特个性，不与其他孩子相比，认真用心地教育他们，那么这种育儿方式本身就是一种幸福。作为父母，我们应该关注孩子，努力去发现他们的潜力。每个孩子出生时都带有独特的天赋，是上天赐予的礼物。既然是礼物，就不应该挑三拣四地抱怨是否喜欢。

每个孩子都是独一无二的，都是这个世界上最好的，只是我们收到的礼物各不相同。只有认可这一点，才能看到孩子的独特之处。

当我们发现孩子的个性、才能和独特之处时，就能看到孩子内心的巨人。

如果别人家的儿子是“龙”，那么我们家的儿子可能是“藏匿在江河里等待飞天的龙”；如果别人家女儿是“珍珠”，那么我们家的女儿可能是“藏在泥土里等待被发掘的珍珠”。这就像我们看到一粒比指甲还小的种子，但心中坚信有朝一日它一定会长成一棵参天大树。这种信念可以唤醒孩子内心的巨人，因为每个孩子都有成为巨人的潜力。

沉浸在幸福中的孩子

所有的父母在看到孩子感到幸福时，都会感到高兴和满足。那么孩子们什么时候会感到幸福呢？就是在做有趣的事情时——沉浸在书里的故事时；忘我地拼趣味拼图时；用积木堆机器人时；流汗运动时；沉浸在涂鸦的乐趣中时；听着欢快的歌曲翩翩起舞时。

最近，早教的风潮非常盛行并且越来越受欢迎。然而，最佳的早教方式是母亲的陪伴。母亲最能够了解孩子，真正让他们感到幸福。难道因为母亲没有专业知识，就必须将孩子交给教育专家吗？教育专家的专业规划能让孩子感到幸福吗？

我们总是倾向于关注表面的结果，而不是孩子的真正幸福，就像那些为了钱而工作的人往往关注的是外在的方面。作为父母，我们必须以孩子的幸福为重。即使早期教育计划再怎么出色，也无法与母亲一起在日常生活中以有趣的方式唤醒孩子的好奇心相比。**作**

为第一个发现者，父母可以通过孩子的幸福点发现他们的才能。

我的三个女儿中，小女儿惠星从小就对大自然格外感兴趣。她特别喜欢有生命的事物，对其充满了好奇心，也喜欢用手去触摸和体验各种事物。她的阅读选择也与姐姐们不同。无论百科全书的绘画多么精美，姐姐们丝毫不感兴趣，但她却兴趣盎然。并且她的兴趣从讲动物故事的绘本上，逐渐转移到了动植物百科全书上。从昆虫，到大型动物、植物和海洋生物等等，自然主题的书籍成为她的主要阅读内容。

惠星上小学时，学校每个月都会推荐一些书籍或杂志。有一天，惠星得知这个消息后，就恳求我给她买一本自然科学杂志。对她来说，表达对自然的热爱就是一种幸福。作为她的父母，我们能为她做的最好的事情就是陪伴她一起做她喜欢的事情。

每逢周末，人们会把不需要的物品收集起来，在自家门口或车库开设跳蚤市场。逛这种市场，可以看到很多有趣的小玩意儿，其中，我特别感兴趣的是适合孩子们阅读的书籍。虽然可以从图书馆借阅，但拥有自己喜欢的书籍并反复阅读是一种独特的体验。由于我们在这里是边留学边生活，为三个孩子购买书籍是有些吃力的。特别是惠星喜欢的动物图鉴，这样的书比较厚，插图多，价格也相对较高。

养育孩子的家庭大多会给孩子买百科词典或图鉴，但很多时候孩子们并不会认真阅读，再加上这些书会占据很多空间，因此崭新的书籍以低价出现在跳蚤市场的情况很常见。有时可以用购买一本书的价格来购买一整套全集，就跟“白捡”一样。

我记得在买到好书的那一天，三个孩子都读着自己感兴趣的书，整个房子都变得非常安静。孩子们专注地看书，脸上洋溢着幸福的笑容。即使没有特别昂贵的早期教育计划支出，但在日常生活中，孩子们仍然可以获得足够的学习和快乐。

泡在幸福的蜜罐儿里长大

遗憾的是，很可能父母无法发现孩子们的潜力，因为他们没有充分发挥自己的作用。如果父母养育孩子的动机不纯粹，那么他们就无法发现孩子的闪光点。放下对孩子的期待，才能真正“看见”自己的孩子。孩子不是用来弥补自己人生中的遗憾的，更不是实现自己夙愿的对象。如果父母在育儿过程中执着于自己的期待，那么最终只会剩下保护孩子的本能。

有时候，我们看到一些人在其他方面很明智、很理性，但在教育孩子的问题上，却完全无视逻辑和常识。拥有这种心态和态度的父母将无法发现孩子内心深处的巨人。此外，当父母将子女的教育目标置于孩子的幸福之上时，也会出现同样的问题。**只有让孩子做喜欢的事情，并从中获得幸福，才能激发孩子的激情和专注力。如果孩子们努力追求感兴趣的事，往往能够取得出色的成绩，最终成长为杰出的人才。这种积极的态度能够启迪孩子们创造自己的幸福故事，成为自己生活的主角。**

在养育孩子的过程中，我努力去了解三个孩子拥有的不同性格和个性。对于大女儿惠敏，我希望她成长为一个热爱和平的孩子，并能够成为解决不同年龄、文化、地区、民族间矛盾的巨人，创造和平。对于二女儿惠恩，她喜欢创造，我希望她能在社会中扮演创造新事物的角色。对于小女儿惠星，她热爱生命，我希望她能够拯救万千生命。因此，我想根据她们的性格和个性创作适合她们的故事，帮助她们成长为自己的主人公。

直到现在，我仍希望孩子们在各自的“天地”里走自己的路，发挥自己的才能，并给他人带来积极的影响。就像水中的蛟龙和土里的珍珠一样，虽然现在还只是一粒小种子，但我希望她们能茁壮成长，成为实现自己梦想的巨人。

第二部分

共同绘制孩子的人生底色：幼儿时期

有问必答，真诚地回应孩子发出的每一个信号

需要练习与孩子沟通

大女儿惠敏是一个特别爱哭的孩子。她经常哭一整夜不睡觉，甚至还被送进过急诊室。有一次我打电话给儿科急诊室，医生听到我这个新手妈妈的描述后，马上回答说："把糖水热一热给孩子喝，然后让她睡一会儿。"看来医生已经接到了无数像我这样着急的妈妈的电话。

我成为新手妈妈后，常常问自己："孩子为什么哭呢？是因为疼痛、饥饿还是寂寞呢？如果不是这些，那她是要什么呢？"**我相信孩子的哭声是他们的语言，所以不能忽视它**。每当孩子哭泣时，我都会耐心回应，以确保孩子得到适当的关注和照顾。

孩子的哭声包含着多种反应和意图，同时也是一种本能的求助行为。当然，在日常生活中，全面而适当地回应这些反应并不容易。

首先，当听到孩子哭声时，你可能会感到吵闹，难以集中精力完成正在进行的事情。周围的人建议我不要总是在孩子哭的时候抱她，否则可能会惯坏孩子。他们的话很有道理，可以看作是育儿前辈的经验之谈。我也不想过于敏感，担心自己会因此而疲惫不堪。但是，如果将孩子的哭声视为语言，就不能忽视正在努力说话的孩子，而专注于其他事情。

所以，每当孩子哭的时候，我都会耐心回应，与孩子交流。“饿了吗？”“生气了？”“冷吗？”“无聊了吗？”“要抱抱吗？”“妈妈也很累的。”“啊，你拉臭臭了！所以不舒服了吧？”“为什么哭呢，妈妈不知道，告诉我吧。”虽然这些话小婴儿不一定能听懂，但我还是会重复这种过程，多样化地回应，尝试去了解孩子因何而哭，帮助自己更好地与他们沟通。

哭泣是婴儿的一种交流方式

一些教育研究表明，婴儿的哭声是语言发展的早期阶段，在随后的语言发展过程中发挥着重要作用。作为三个孩子的母亲，我深刻地感受到这种说法的真实性。**另一个重要的领悟是，当孩子哭泣时，回应并试图与之对话正是父母和孩子之间的良好互动。这种体验对婴儿感知能力的发展非常有益**。孩子会在听到母亲的回应时进行感知，这种感知能力会通过重复而逐渐发展。即使是无法进行言语表达的婴儿也有着自己的思想，因此有时会笑，有时会哭。将这些想法以语言的形式传达回去，是母亲可以给孩子最好的礼物。

母亲对婴儿的哭声做出回应之所以重要，还有另一个原因。我的大女儿惠敏经常哭泣，而且不愿意离开我身边。回想起来，对于一个新手妈妈来说，最困难的问题莫过于此。通常，在第一个孩子出生之前，女人并未真正意识到自己有多么自由。惠敏在八个月大之前，总是黏着我，即使稍微离开一下下也会哭。因为她还不会爬行，所以我只能不停地抱她、安抚她。这样一直到她开始学会爬和站立。

惠敏可以离开我身边时，我有一种重获新生的感觉。在那之前，我一直在想“还要这样活多久啊……”。我感觉作为一个母亲的生活真的很艰难，同时也担心惠敏会成为一个过于依赖我的孩子。但现在回想起来，虽然我失去了一些自由，身心也有些疲惫，但在孩子最需要我的时候，我给予了她最需要的东西，而且没有丝毫后悔。因此，我想称赞自己在过去所付出的一切。

安全感让孩子变得独立自主

孩子通过哭泣与母亲沟通，在母亲身边时能够感受到安全感。身体接触不仅给予孩子内在的安定感和满足感，还对其之后接受他人有积极影响。**母亲抚摸、拥抱和安抚孩子，会增强他们的安全感，这对于自我认同和成长为什么样的人有着巨大的影响。**不需要担心孩子无法成为独立自主的人，通过我的孩子们的例子可以发现：从大女儿惠敏到小女儿惠星，她们在年幼时都获得了足够的爱和安全感，现在都已成长为独立自主的人。

大女儿惠敏五岁时来到美国，上了一年幼儿园，然后进入小学。在她一年级过半时，我接到了老师“来趟学校”的通知。由于不知道确切的原因，内心十分忐忑。到了学校，老师告诉我：惠敏在学习上遇到了困难，于是她就去找了咨询师，同时也是上一年的英语老师寻求帮助。她说感觉现在的学习太无聊、太乏味，希望能学习一些更有趣、更有挑战的内容，于是就有了这次见面。

在惊讶之余，我更感到一丝安慰和感激。因为我看到她在面对困难时，能够克服自己内心的恐惧，勇敢地面对问题，并试图解决它。孩子身上的这种自信和独立的思考能力，或许是对我的一种褒奖，是对我面对哭泣不休的婴儿仍保有耐心和付出过努力的回报。

随着时间的推移，惠敏成长为一个更加独立和自主的人，惠恩和惠星也学着像姐姐那样生活。孩子们进入高中后，她们的活动领域变得更加广泛，也更加独立。因此，这三个孩子逐渐超越了我们，主动前往陌生的国度，体验不同的文化，学习新的语言，积极地应对学习的挑战并培养开放的思维方式。

帮助孩子发现自己的与众不同

因为不同，所以美丽

我们一家人的美国生活始于肯塔基州的一个小镇。提到肯塔基州，人们往往会首先想到“肯塔基炸鸡”，因为那里是肯德基（KFC）的起源地。周边还有知名城市，如路易斯维尔和辛辛那提，驱车向北开一个半小时左右就会到达莱克星顿市。在这里，沿着高速公路行驶约 30 分钟，你就会看到歌词中所描绘的场景——广阔的草地上，鼎鼎有名的肯塔基州骏马在奔跑，就像电影中的情景一样。穿过这片草原，你会来到一个名为威莫阿的乡村，在那里，我丈夫进入了一所学校留学。

惠敏在抵达美国的第二天便开始上幼儿园。第一天上学，她在等待校车的站台看到一个健康、自信的黑人女孩，名叫安娜。一看到安娜，惠敏就非常高兴地抱住了她。安娜和我都非常吃惊，一个东方女孩竟然会如此热情地表达她的喜悦。

后来我们才知道，安娜也是跟着父母来到美国生活的留学生。她已经学会了英语，经常会像土生土长的美国小孩一样戏弄那些第一次来美国、不太会说英语的小朋友。这样的安娜和惠敏在初次见面时虽然有些惊慌失措，但也是她们成为好朋友的契机。

当看到来自亚洲的小孩和来自非洲的黑人小孩拥抱在一起时，我意识到这里就是美国。

换了名字，就可以成为美国人吗？

有一天，我在检查惠敏的幼儿园学习资料时，发现上面写着“Rose（露丝）”这个名字。一开始我以为是别的孩子的，但问了惠敏之后，她却说是自己的。当我问她为什么用 Rose 这个名字时，她说那是她给自己起的美国名字。老师也说如果惠敏愿意的话，可以使用这个名字。那一瞬间，我有种五雷轰顶的感觉。

她年幼的内心渴望成为像她的白人朋友一样的美国人，认为只要改个名字就可以达到这个目的。她的名字是由“恩惠”的“惠”和“聪敏”的“敏”组成，合在一起的意思就是“受上天的恩宠，充满智慧的人”。难道她应该放弃这个带有韩国特色的名字，改为“Rose”这个像玫瑰花一样迷人的美国名字吗？

当时，我做出了一个决定：即使有无数个“Rose”，也要让我的孩子引以为豪地使用我们给她取的“惠敏”这个名字。同时，也要教育她保持对自己的认同感，让自己的韩国名字熠熠生辉。因为我的教育理念是要让孩子们认识到自己与别人的不同之处，并理解这些不同之处是多么美丽、独特和优秀。

惠敏在幼儿园小半年后，有一天，她给我看了一份举办“个人特长展示会（talent show）”的通知。惠敏勇敢地表示她也想站在舞台上表演。尽管同班还有几个来自韩国的留学生，但他们都没有勇气上台——在所有的同学、老师和家长面前表演需要足够的勇气和才能。

活动结束后回到家，惠敏在日记本上写下了这样的话：“妈妈说我表现得很好，送了我一个装钢琴书的包作为奖励。我感到非常非常高兴。下次我还要更加努力，争取让她给我买一架钢琴！”

惠敏身穿精致的韩服，站在舞台上，面朝着美国小镇的白种人观众，吸引着大家的目光。她没有用乐谱，而是专注于音乐，弹奏着钢琴，散发出自信的东方女孩的气息。那时，她才五岁。我至今依然清晰地记得满场热烈的掌声和惊艳的目光。

让他们懂得说谎的代价

因为说谎，一年内禁止吃麦当劳

麦当劳是美国快餐业的代表，那里有各种各样吸引孩子们的东西，从香脆的炸鸡到美味的冰激凌，都足以俘获孩子们的心。一般来说，美国人的周末从星期五晚上开始，一直持续到星期日中午。星期六早上，大多数人都会外出用餐，而麦当劳则成为他们的首选。因此，美国孩子们在很小的时候就会跟着父母到麦当劳用餐，这已成为一种常见的家庭活动。

有一天，我们全家参加了在佐治亚州举行的一次研讨会。行程结束后，丈夫开了长达 8 到 9 个小时的车，大约还有 30 分钟的车程就到家了。虽然我们带了零食，但当丈夫问孩子们是否想吃东西时，大女儿惠敏说自己非常饿。尽管丈夫已经非常疲惫，但我们还是开车去了麦当劳。到了麦当劳，惠敏点了自己想要的儿童套餐，但却没有吃，又说自己并不饿。我们夫妻看到这种情况后，马上意识到了问题所在。原来，惠敏点儿童套餐只是为了收藏里面的玩具。

丈夫上车后跟惠敏强调了任何情况下都不能撒谎的重要性，并仔仔细细地分析了当天的情况。当时的他因为长时间的驾驶而感到非常疲惫，想尽快回家，但惠敏说觉得饿，他还是决定改变方向，前往麦当劳。他强调因为想要玩具就撒谎的行为是大错特错的，于是对惠敏进行了严厉的批评，并宣布了一年内不得去麦当劳的惩罚。尽管我认为一年时间太长，但既成事实，无法挽回，只能执行。

住在一个只有一家韩国超市和一家韩国餐厅的社区里，无法去麦当劳会让人感到多么沮丧啊。孩子听到自己在未来一年里都无法享受汉堡带来的快乐，也感到非常沉重。也许惠敏会认为因为玩具而说谎的代价太过残酷。但是，**通过这件事，她将铭记撒谎必然会付出代价的事实。**

管教必须要始终如一

一年后，我们一家人又去了麦当劳。孩子们会永远铭记再次吃到久违的麦当劳时的喜悦和感动。然而，忍受一年的禁令对于孩子和我们夫妇俩来说都很艰难。作为贫穷的留学生家庭，麦当劳是我们唯一可以解决用餐和让孩子玩耍、散心的地方。但是，父母说出的话必须做到，如果我们改变决定，取消或修改既定的计划，那么最困惑的人会是孩子。既然已经决定一年内不去麦当劳，那么无论发生什么事情，我们都不应该去。

爷爷奶奶说要带孩子们去麦当劳，我们不会去；即使在外面很饿，我们也会回家吃饭；在与亲朋好友共进晚餐后，即使有人建议去游乐场的麦当劳吃甜点，我们也会礼貌地谢绝，然后一家人回家。我们知道这种事情有多么复杂和不方便，不仅是孩子，就连父母也很难遵守。

在这个故事中，还有一点极为重要，就是夫妻双方都要严格遵守承诺。有时孩子可能会向爸爸或妈妈求助，这时父母必须秉持相同的指导原则，始终如一。**这种一贯性不仅不会让孩子感到困惑，同时也是让孩子们遵守其他原则的关键。**

自由也是有边界的

成为有威信的父母

我的大女儿和二女儿在肯塔基州度过了童年时光。这个乡村地区有着美丽的草原，马和牛恣意奔跑在辽阔的草地上。虽然这些动物可以自由奔跑，但也能猜出这片土地上有人在照料它们，因为可以看到一些散落在广袤草原上的房屋，房屋之间的栅栏，是区分牧场的重要标志。当看到这些悠闲的动物时，感觉主人搭起的这些栅栏保护了它们，让它们有了安全感。

我在一本书中读到过一个有趣的事情：在放养的牛和圈养的牛中，哪一种牛能够产出更多的牛奶呢？乍一看你可能会认为是放养的牛，但其实是圈养在栅栏内的牛能产出更多的牛奶。当牛得到保护并感受到安全感时，能够有更好的结果，因此，为孩子们建立适当的边界也很重要。在教育中，清晰的界限可以让孩子感到自己所处的环境是安全的、井然有序的，而缺乏边界则会让他们感到困惑和不安。**划定边界可以保护孩子，同时也指导他们分清什么应该做，什么不应该做。在父母设定的界限内，孩子们会更加快乐和自由地成长和发展**。对这一点我有 100% 的信心。

如果问如何让三个孩子都能考上哈佛大学，我的答案是因为我们为孩子们设立了明确的界限。作为父母，我们制定了规则并给予了明确的指导，这些决策是基于我们自己的教育理念和经验的。为了实现这些目标，我们必须在一定程度上行使父母的权威。这对孩子们的成长是至关重要的，因为当他们离开家庭并独立生活时，这些教导也会影响他们的生活方式和决策。

孩子需要篱笆的保护

我们经常看到那些从小被父母溺爱、没有任何规则限制、按照自己意愿成长的人，在社会上很难取得成功。这样的例子比比皆是。而另一个反例是，那些从小生活在困境中，无法得到父母关爱和照顾的孩子，所有事情由自己来决定，不曾得到任何帮助和支持，凭一己之力成长起来的孩子，也很难看到他们实现自己的目标。那么，为什么会这样呢？

孩子们在“篱笆”里会成长得更好，这是因为他们感到自己受到了保护，产生了安全感。在父母制定的框架内，他们能学会采取适当的态度和行为。而如果没有限制和框架，孩子们会变得自由散漫，而不是更有创造力和效率。从家庭开始体验“什么是规矩”的孩子，会成长为懂得如何在学校、工作等社会场所中获得自己所需的人。

当父母制定某些框架或规则时，孩子们有时可以理解，有时也无法理解。有些孩子会盲目地服从这些规则，逐渐将其变成习惯，并取得好的结果。有时为了得到自己想要的东西，他们也会与父母进行谈判，并在忍受父母教育的同时获得更多的东西。**在这个过程中，孩子们自然而然地学会了如何与长辈交流，如何获得自己想要的东西。这是训练他们从世界中获得自己想要的东西的过程。**此外，孩子的整体沟通能力也会得到提高。他们会变得更加熟练地听取并说服别人的观点。因此，这种能力是后天从父母那里学习到的，而不是天生拥有的。

那么，我们应该根据什么标准来为孩子划定界限呢？如何确定明确的限制？首先，需要先深入思考。作为父母，我们需要明智地使用权威来划定明确的界限，同时也需要承担责任，因为这对孩子的成长非常重要。当向孩子解释这些标准时，需要告诉他们这是出于对他们的幸福、爱和关心而制定的。培养关心他人、有礼貌、有道德的孩子并不容易。但这是每个父母都可以做到的，没有比这更重要或更有价值的事情了。

给三个女儿两块饼干的理由

留有余地

因为有三个孩子，所以我们经常得去购物。每次购物时，我们总是会给孩子们买一些零食。但我们设立了一个规则：只能买两袋零食，让三个孩子分享。当我们回到家时，孩子们总是很兴奋地想看看购物篮里的东西，但很快她们就发现三个人只能分享两袋零食，从那时起，她们之间就展开了激烈的争夺战，希望自己能够吃到更多的零食。

“我是大姐，所以我得多吃点儿。”

“怎么能这样，我现在正在长身体，我才应该多吃点儿。”

“我吃得慢，每次都吃很少，这次我想多吃一点儿。”

她们会以自己的方式激烈地争吵着。有时候，这场争吵最终以有人哭鼻子才能结束。如果买了三袋零食，每个孩子都能得到一袋，我们的家庭和谐就不会被打破了。这样，她们不需要把自己的零食带到房间里吃，也不需要因为争夺零食而不愉快。

但是，我为什么一定要这样做呢？是因为我们经济上不够宽裕吗？并不是。虽然不能说我们非常富裕，可以肆意消费，但保证孩子们吃上零食，还是可以做得到的。真正的原因是我认为孩子们需要明白“留有余地”这个道理。

对于孩子们来说，留有余地反而比过度充裕更有益。**因为在分配事物的过程中，他们可以学会理解对方的处境，同时也能想出一些有逻辑的说法来让别人理解自己的处境。从另外一个侧面考量，适当的不足也意味着对下一次怀有诉求和期望。**

正是由于欠缺，我们才会产生欲望，如果这些欲望很容易就能被填满，我们就会因此感到满足而停滞不前。但是，如果我们通过努力才能满足这些欲望，就会感到自信，获得成就感。因此，我们应该耐心地让孩子们自己吃饭，而不是喂饭。再者，我们也不应该总是提供过分充足的食物，而是可以让孩子们感到有些欠缺，以期待下一次用餐。同样的，我们也不应该总是帮孩子穿衣服，而是应该鼓励自己穿。此外，我们不应该过度地给孩子买东西，而应该有节制地给他们买真正喜欢的东西。

同样的原则也可以应用在培养孩子的音乐兴趣方面。我会让孩子先使用别人赠送的或者便宜的乐器开始学习，直到她表示需要更好的乐器为止。这样，当购买高品质的乐器给她时，她会更加热爱音乐。如果孩子不想要某些东西，比如食物、物品或奢侈品，我也不会提前为她们购买。对于孩子来说，这些都没有通过自己的努力而获得，因此对于她们来说，都是理所当然的。当感受到缺乏后，再来填补这些空缺，她们才会更珍惜。

我认为让孩子过早地开始学习会扼杀对学习的好奇心和动力。相反，我会要求孩子专注于学校的课程，而不是立即请家教来开始艰难的学习之旅。当孩子们发现自己做得不如别人时，她们会意识到自己的不足，并激发更多的学习欲望。

重要的是，我们需要鼓励孩子们积极主动地学习，让她们自己去决定要学习什么，而不是被动地接受知识。我们不应该盲目地送孩子去补习班，等到孩子有了学习的渴望时，会自然而然地去学习。

思考哪些事可以不为孩子做

好好观察一下孩子每天都在做些什么，是否一刻都没有休息？如果有太多的玩具、游戏机供孩子玩耍，那么孩子们就闲不下来。这意味着他们没有机会体会到什么是空闲时间。现在孩子们的一天都被视频网站、手机游戏、电脑、补习班或家教等各种课程填满了。对于孩子们来说，空闲时间也是非常必要的。只有闲下来，才会思考、想象和阅读书籍。如果周围都是娱乐，孩子们可能会很容易错过那些本该在孩提时体验的事情。

对于孩子们而言，仅有充裕，而缺少欠缺的体验会带来不幸。由于没有感受过欠缺，他们的欲望会变得难以控制并不断膨胀，最终无法自我满足。自然主义教育思想家卢梭在《爱弥尔》中曾说："让一个孩子变得不幸的最佳方式就是满足他想要的一切。"

欲望很容易得到满足的孩子只会产生更多的欲望，最终成为一个一切都想据为己有的人。那最终的结果会如何呢？父母意识到自己能做的事情有限，并且最终会面临不得不拒绝孩子要求的情况。然而，对于不习惯被拒绝的孩子来说，他们会更加痛苦，不是因为无法得到想要的东西，而是因为被拒绝了。

父母无法满足孩子全部的要求，也无法填满孩子欲望的沟壑。然而，孩子往往误以为他们可以从父母那里得到一切，因此无法接受自己未能得到满足的事实，从而感觉自己非常不幸。

现在的孩子们不熟悉“匮乏”这个词。无论是韩国、还是美国，孩子们都是在丰裕的环境中成长。因此，**孩子们不会产生想自己做点什么从而获得的欲望。匮乏才能产生动机，有动机才能成为动力，从而产生凡事都要靠自己的力量去做的意志和努力之心。在此过程中，还能感受到成就感的喜悦。**因此，在养育子女时，必须要让孩子感受到一定程度的匮乏感。与其苦恼为孩子做什么，不如考虑不做什么才是更明智的。

我已经践行了这一点，成了一个努力考虑如何不帮孩子做什么、如何让他们感到困难的妈妈。

根基坚实、具有自我认同的孩子不会轻易动摇

规矩不容动摇

我的孩子们在很小的时候不得已离开了韩国，之后每年都会和来美国的爷爷奶奶一起生活一段时间，这让他们真正感受到了自己的“根”在哪里。孩子们在美国过第一个韩国传统节日时，穿上从韩国带来的韩服，到附近的韩国邻居家里拜年，邻居们还高兴地给了她们压岁钱，孩子们非常开心。

在遇到韩国长辈时，我会告诉孩子要低头鞠躬，如果做得不好，我就会教她们练习，直到做好为止。同时，我们家还有一个规矩：回答韩国长辈的问题时要用韩语，不允许用英语，否则会受到批评。

我们的大女儿惠敏受到特别严格的教育。我们搬到加利福尼亚时，是韩裔长辈和青少年传教士来接的我们。他们用英语向我们问

候，并询问各种问题，但惠敏始终用韩语回答，这让他们感到很奇怪，也很佩服。因为我们来自肯塔基州乡下，所以他们认为我们不会说韩语。但是惠敏却说，就算韩国长辈用英语跟她说话，她都好像无法回复英语。这表明她已经养成了这种习惯。

惠敏是我们家中第一个能够轻松驾驭英语的孩子。她在抵达美国后，仅用了三个月就适应了环境，并宣布不用再担心她。看到那一幕，我深刻认识到语言的学习需要在文化中直接碰撞。**我们家贯彻了用英语与美国人交流，用韩语与韩国人交流的原则。**这种训练使我的三个孩子不会忘记自己的母语，也使生活更加丰富多彩。

让孩子们不忘母语，传承重视礼仪的价值观，是父母应尽的责任。正是因为这种努力，我们家的孩子们才能同时接受美式教育和韩式教育。实际上，这两种方式有时会发生冲突，在这种情况下，父母的作用至关重要。我们必须确保孩子们不会感到困惑，并平衡这两种文化，使她们能够充分利用优势，确立正确的价值观。

有一次，孩子们去朋友家玩，回来后问道：“我们家进屋里要脱鞋，但是我的朋友家都不用，有的人甚至穿着鞋子躺在床上，为什么呢？”对于那些没有正确理解韩国和美国文化差异的孩子们来说，这是一个很常见的问题。

此外，在英语中，无论是姐姐还是妹妹，都是同等称谓的“你”，但在我们家中，这种称呼是不被允许的，因为在我们家庭中，家庭内部的等级制度比尊重个人更有价值。虽然存在许多大大小小的问题，但我们也考虑了能明智地克服困境的办法。

给予孩子家人的厚爱与信任

我努力让孩子们喜欢自己的国家，并强调家庭内部的等级制度，让她们自然而然地熟悉重视韩国文化。事实上，孩子们生活在韩国和美国这两种文化中，很容易意识到哪种文化方式更舒适，有时也会尝试运用不同的方式。

在美国，等孩子们成为初中生时，通常会被分配一些小家务，如洗碗、倒垃圾桶、修剪草坪等，以明确她们在家中的角色。然而，在韩国，孩子们只要好好学习就会受到赞扬，即使他们什么家务都不做。在韩国式家庭中，父母与孩子们之间的关系是由爱和牺牲构成的单向关系。孩子们认为这种关系理所当然，从未怀疑过。因此，在与父母的关系中，我的孩子会选择韩国的方式。

然而，在兄弟姐妹之间的关系中，则表现出了截然不同的态度。在美国文化中，平等和自由被视为是最重要的，因此父母和孩子之间是平等的，兄弟姐妹之间也是如此。由于个人权利更受尊重，因此对家庭责任的承担明显不足，家人之间没有束缚性的关系。孩子们之间交流时，因希望处于平等的位置而没有等级制度。英语中使用“你”来称呼彼此就充分说明了这一点。这样的家庭中，哥哥姐姐不尊重弟弟妹妹，也不会受到弟弟妹妹的尊重。

在这方面，我决定优先选择韩国文化和传统，因为如果孩子们在两种文化之间选择自己舒适的方式，就会失去了体验两种文化的机会。**为了实现这一点，我必须从孩子很小的时候开始教育她们。**

我会向她们解释父母的爱有多伟大、高尚和富有牺牲精神。虽然这可能被误解为屈服于父母的权威，但如果没有人教育，孩子们又怎么知道呢？我希望我的女儿们不仅在学习韩国家庭关系的紧密性，同时也能更加热爱韩国文化。

在我们家里，我们教育三个孩子必须清楚地认识到权威和地位。无论发生什么问题，都要尊重姐姐的权威，当然姐姐也不能在妹妹面前大声喊叫。如果姐姐做错了什么，我们一定会指出来并单独训斥她。如果妹妹挑战姐姐，我们也会训斥她。在这样的环境下长大的姐姐会意识到自己的地位，也意识到应该如何表现，同时也具备了责任感。

大女儿惠敏和三女儿惠星相差 10 岁，惠星在美国出生后，我一个人抚养她，非常辛苦。然而，惠敏却在很大程度上帮助了我，甚至到现在她仍然说是她照顾妹妹长大的。因此，妹妹们接受了来自姐姐无私的爱、关心和责任感。惠恩和惠星对姐姐一直怀有特别的尊敬和爱。在美国的家庭中，这样的姐妹情谊并不常见，因此我们感到非常自豪和幸福，我们的孩子们没有忘记自己的根，即使在美国长大。这种坚定的信任和爱是建立在父母的爱和牺牲的基础上的。

向孩子表达真心

韩国父母对子女的爱和全世界任何地方的父母相比都不会逊色。唯一令人遗憾的是，孩子们往往不知道自己受到了多少眷顾和关注。我们这样的移民父母虽然在异国他乡生活，但大部分都为了帮助孩子实现美国梦，从早到晚不辞辛苦地工作。即使生活费用再少，他们也不会吝啬孩子的教育投资。

世界上任何一个国家，所有的父母都愿意如此支持和帮助孩子，只不过程度和方式不同而已。2010 年初，由美国的华裔父母提出的斯巴达式教育法“虎妈（Tiger mom）”火爆全球，那也是为子女成功作出贡献的一种表现。

当时，我的大女儿正在哈佛大学念书，她给我打来电话说：“妈妈，你知道‘虎妈’吗？最近很火！但我认为韩国父母比‘虎妈’更厉害。虽然你没有像‘虎妈’那样对待我们，但我们仍然做到了。所以说，韩国父母才更强大！‘虎妈’们可能不知道这一点。如果有机会，我一定会告诉她们。”听到孩子对我的养育方式的认可，我感到非常高兴。同时，听到孩子说韩国式父母的爱是最好的，我也感到非常欣慰。但这个过程并不容易。

那么，美国父母是怎样照顾孩子的呢？美国是否也有所谓的“虎妈”教育呢？答案是“有的”，但方法与韩国有很大区别。美国父母会非常积极地参与学校的各种活动。在小学里，每个班级都有一个代表班级的“班妈（Homeroom mom）”，她们几乎住在学校里。因此，学生们习惯了父母在学校中的奉献和照顾。

事实上，由于语言障碍，许多移民父母很难参加学校活动或家长会。此外，像大多数移民一样，由于生活不容易，许多移民父母很难抽出时间来参加这些活动。因此，他们不得不将孩子全部交给学校，很难成为老师的教育合作伙伴。我也是如此。我想我的孩子们也明白这一点。我们必须理解孩子们可能会有想法，也要承认这是来自现实的束缚。

每位妈妈，包括那些“虎妈”，是否会在每天清晨为孩子祈祷呢？我对孩子们所面临的各种问题都会怀着热切的心情祈祷。无论是学习困难、面临考试、与老师产生问题、与朋友发生冲突、寻找实习机会、学校的种族问题，还是健康问题，我都会为我的三个孩子祈祷。

记住我的特权

坚持每天祈祷说起来似乎很容易，但实际上，要付诸实践并不容易。这需要真心实意，需要与孩子分享祈祷的内容和过程并进行详细的交流。在这个过程中，我们的三个孩子都有特别的回忆，其中我想谈谈大女儿惠敏的经历。

惠敏到达美国的第二天，就立刻前往新的幼儿园上学。第一天上学时，她感到非常紧张。但是，我的丈夫鼓励她说：“不用担心，你可以做得很好，知道吗？”这给了惠敏非常大的勇气和支持。从那以后，丈夫有时会开玩笑地问惠敏：“你还好吗？”并询问她的朋友们的情况。在一个鲜有亚洲人的学校里学习的惠敏，在感到无助的时刻，都会想起爸爸的鼓励。

此后，惠敏进入哈佛大学攻读政治学。显然，作为一名身在美国的东方女性，选择这个领域学习并找到工作并非易事。在做出继续攻读政治学并申请研究生的决定时，她说：“作为东方人，要在这个领域中脱颖而出，成为最优秀的人之一，是非常困难的。因此，我们需要更多的祈祷和努力。”

惠敏成功地完成了本科学业，获得了优秀论文的奖励。接着，她申请了硕博连读，获得了哈佛大学、斯坦福大学、普林斯顿大学、耶鲁大学和伯克利大学等多所世界著名大学的入学邀请，有些学校还表示会给予多种奖励。此时，惠敏享有在多所世界顶尖大学中任选其一的特权。她参观了学校，与入学负责人、政治学教授见了面，最终将选择范围缩小到了哈佛和斯坦福。

惠敏和我深思熟虑并祷告后，最终决定去斯坦福大学。她选择了新的环境、教授团队和学术氛围，尽管师生结构以白人为主，但是她仍然决定接受这个挑战。当时，全美报名的学生中只有七人被选中，而惠敏是唯一的亚裔。尽管在这个由白人主导的社会阶层，惠敏仍然记得她父亲为了鼓励她而引用的圣经经文，并在生活中实践着它。

我们一直强调并解释提供安全感、满足感和归属感等的好处，以帮助孩子们更积极地思考。通过这个过程，我们的女儿们亲身体验到了来自父母的爱，成长为热爱韩国的孩子们。

培养一个是非分明、与人为善的孩子

用积极和善良来影响、培养孩子

和所有的父母一样，当抱起自己的第一个孩子时，我无法用言语来表达激动之情。那个如此珍贵的生命在我的手中，让我感受到了巨大的责任感，也让我不自觉地开始祈祷。

我的丈夫出生于牧师家庭，接受了宗教教育，成为一名学习神学的牧师。他是一个真正的基督徒，在生活中展现出自己所学习和受训的一切。回想起我们在大学时相遇并开始交往的时候，我丈夫总是和有困难的朋友站在一起，与他们分享一些必需品，只要是对的事情，他就会甘愿做出牺牲。结婚后，我发现丈夫的性格与他的父亲非常相似。在他的影响下，我们全家都处于良好的氛围当中。因为他父亲对自己也有很高的标准，严格管理自己，确保没有让别人感到不舒服的事情发生。此外，他父亲在如何友善地对待他人、尊重不同的观点、努力倾听、保持礼貌等方面上都做出了表率。

而与此相反，我是在非基督教家庭长大的，是我家的第一代基督徒。在我生下第一个孩子后，我问自己：该如何养育孩子？怎样才能做一个好妈妈？该如何将我所学到的教育理论应用于孩子身上？可以教给孩子更好的生活方式吗？我花了很长时间思考这些问题。

一直以来，我都坚信要按照所知道和学到的去实践。因为我的信仰和价值观并非源自原生家庭，而是在学习和实践中获得的，所以我认为实践是最为关键的。就像靠着手中地图去一个从未去过的地方一样，我开始了艰难的育儿之路。虽然经历了许多错误和失败，但我尽力以正确和诚实的方式养育孩子。在韩国时，我们通过“可以”和“不可以”去鼓励和教育孩子。开启留学生活后，我们才开始正式教育孩子，塑造她们的人格和价值观。由于我们是留学生家庭，孩子们自然而然地接受了探索、学习和讨论的氛围。此外，美国本身就是一个不断创新的环境，这对于激发孩子们的好奇心和冒险精神是一个非常好的环境。

我总是问孩子们这样的问题：“你是谁？你能做什么？你会做什么？你喜欢什么？”通过这些问题，我让孩子们思考得更深入。我相信通过深入思考，他们能够学会选择正确的事情并有能力付诸实践。

第三部分

小学时期：今天的选择改变十年后的未来

最佳方法：寓教于乐是最好的学习方法

学习的大厦从小学开始搭建

“妈妈，work（工作、劳动）我都完成啦！”

这里的“work”指的是学习的意思。虽然现在已经习惯了这个说法，但是第一次听到这句话的时候，我不禁想，“一边读书，还一边劳动什么？”大人们往往不把学习看作是工作，因此他们认为子女们应该多学习而不要做辛苦的劳动。但实际上，正如孩子们所说的，学习和劳动并没有什么不同。

惠敏在斯坦福大学攻读博士学位期间，每天早上 8 点起床，晚上 9 点结束学习，几乎整天都在钻研学术。可以说她把学习看作是工作一样来对待，平时几乎全部时间都用于学习，只有在周末才会去做一些个人的事情。如果问她是否感到辛苦，她会说不，反而觉得非常有趣。

她毕业去了日本工作一年后又开始了学习。我仍然记得当时她说的话："妈妈！我太兴奋了。我是因为喜欢才学习的，他们还给我钱，这就是真正的意外收获吧？"由于惠敏有了工作，所以她硕博连读时，不仅免除了学费，还提供了包括住宿费在内的生活费。这让她觉得学习是一件非常幸运且有趣的事情，因为她可以做自己喜欢的事情并得到报酬。

学习是成为有实力的巨人的基础。构建学习的基本框架的最佳时期是小学时期。我的三个孩子在小学时期就掌握了所有基础知识。虽然在其他方面可能存在差异，但是在小学时期培养出来的学习的能力决定了未来。**那么，如何才能学习好呢？答案很简单：勤奋学习。这是一个非常简单、易于理解的答案。**

只要投入足够的时间和精力，就可以取得好的学习成果。许多人询问从何时开始准备 SAT（美国高中毕业生学术能力水平考试）才合适。如果回答是小学时期，大多数人可能觉得难以接受。为了准备 SAT，很多学生会请家教、参加补习班，并且在高中时期花费大量时间来学习。我也见过一些人从初中就开始参加补习班。

需要注意的是，高中阶段是把小学和初中发现的才能得到发挥、加深并产生相应成果的阶段，是成为巨人的关键时期。在这个时期，把时间浪费在准备大学入学考试上，把热情浪费在其他事情上，是多么低效的做法啊。小学时期不正是充足的学习时间吗？但是，如何让小学生安静地坐下来学习呢？在这个充满活力和创造力的时期，是否真的只需要坐着学习呢？这可能会引起许多疑问。然而，总的来说，这是可能的，只是需要考虑家长的想法和努力。

阅读，寓教于乐的学习

在小学阶段，孩子们应该享受玩耍，体验趣事，感受快乐。**即使被劝阻不要做，孩子们也可能会偷偷去尝试，因为有趣的事情所带来的乐趣可以持续很长时间。因此，我们可以从中得到启示。我们只要让学习这件事儿成为孩子们认可的有趣的事情，那么一切都迎刃而解了。可以设计情境，让孩子在娱乐的过程中不知不觉地学习，因为感觉有趣，孩子会被吸引，会主动去做，然后恍然大悟，原来这就是学习。**从孩子的角度来看，可以尽情地享受有趣的学习过程，而从父母的角度来看，让孩子在没有压力的情况下学习是幸福的事情。对于我们的孩子来说，阅读就是一种既有趣又有益的学习方式。

如何让阅读变得像玩耍一样有趣呢？一旦我们把阅读当成是必须完成的任务或者义务，它就会变成一种繁重的学习负担，这样孩子们就不会有太多的阅读量。我们不能把阅读仅仅看作是学校课程的延伸；不能给孩子们施加阅读的压力；不应该强迫孩子们每天读多少页；不应该因为没有读书而惩罚她们；更不应该要求她们强行记忆书中的生僻单词。如果孩子不懂，可以跳过去，自然而然地在上下文中学会它们。孩子们很快就会意识到教育者的意图和方法。如果家长强迫孩子阅读，孩子们会失去兴趣。虽然孩子们可能会按照家长的期望读书，但是无法表现出真正的热情和兴趣。

为了让孩子们在将来成为高中生时不需要额外花时间准备 SAT，

也为了让她们在完成博士学位课程时不感到疲劳，我们不是单纯地命令孩子们阅读。尽管我们无法准确估算我们的三个孩子已经读了多少书，但即使说她们已经读完了图书馆儿童书区里所有的书也不为过。因为我们将阅读视为一种乐趣和游戏，而不是任务，孩子们会自愿地阅读，而不是因为被要求这样做。她们阅读的过程充满了像玩游戏一样的热情，她们非常喜欢读书，随时随地都在阅读。孩子们的老师甚至对此感到惊讶，说她们甚至在走路的时候也在阅读。

为了让孩子们享受阅读，我们需要创造一个适宜的环境。书籍在家里应该随处可见，就像玩具一样随手可取。全家人，包括父母，都应该自然地对待书籍，让孩子们知道阅读不仅是她们在做的事情，而是全家都在做的事情。

那么，从什么时候开始读书呢？答案是应该从孩子出生那一刻开始。在孩子学会说话之前，父母就应该为他们读书。在这个阶段，最重要的是不断增加数量。为了做到这一点，可以规定阅读时间，然后在规定好的时间里读书。

我要求自己每天至少保证 2 个小时的阅读时间，并坚持做下去。我的三个孩子都有过这种经历，但最困难的是最小的孩子。我需要照顾三个孩子，丈夫半工半读，一边读书，一边还要兼任工作，所以没有时间单独为惠星读书。为了解决这个问题，我想到的方法是让大女儿和二女儿替我给惠星读。这样三个人轮流念书给她听，就轻松多了。我们三个人都给她读自己选好的书。每天大概可以读上 20 页。尽管小孩子可能听不懂姐姐们读的是什么，但她还是非常喜欢，眼睛总是睁得圆圆的。

当孩子能够独自阅读时，她们的阅读量通常会超过父母之前读给她们听的水平。由于已经培养了长时间专注于阅读的能力，所以读书的时间会更多。孩子们可以自由地徜徉在阅读的世界里，就像鱼儿在水中一样自在，阅读量也会继续增加。

小学的学习决定了高考的成绩

我们的三个孩子通过养成阅读习惯，不仅享受到了阅读的乐趣，而且在学校里轻松地取得了好成绩。在学校里，有些老师教学很出色，而有些则不然，所以即使孩子在好老师的教导下表现出色，但来年未必能再取得同样的成果。在小学阶段，班主任负责教授所有科目，所以遇到的每位老师都直接影响学习效果。如果孩子上的是私立学校，情况可能会好些，但在公立学校中，孩子无法选择自己喜欢的老师。我们的孩子们也曾遇到过一些并不是很好的老师。

撇开老师的能力不论，要想对所有科目中的知识产生兴趣并及时掌握学习内容，保持好成绩的秘诀就是阅读。即使老师不够勤奋或实力不足，孩子们自己通过阅读也可以补充知识。回想起来，孩子们通过享受阅读来填补课堂上的不足，这在她们的学习中发挥了重要的作用。

这种像玩耍一样地广泛阅读，在将来需要像工作一样刻苦学习的时期也会发挥作用。我的孩子们参加 SAT 考试时，她们不需要额外花时间学习，只需要练习一下考试类型即可。因此，SAT 拿高分的基础是在小学阶段就已经打下的，这种说法是正确的。即使在大学和研究生阶段，学习也可以像玩耍一样愉快地进行，因为从一开始就是通过游戏的方式学习，所以学习不会成为负担。

缩短学习时间也是一项成就。由于从小学开始就练习了阅读技能，比起不喜欢读书的孩子，我的孩子们能够更迅速地理解文章内容。阅读与学术是有一定联系的，通过扩展视野，阅读书籍的人在学习自己领域的知识时也更容易进行综合思考。我们的三个孩子都说学习很容易也很有趣，她们不觉得学习是个难题，也不觉得自己学习是被迫的。听到这样的话，或许你会认为我们家的孩子们天生聪明，擅长学习。但她们之所以能够轻松地学习，更多的是因为她们的学习始于娱乐。对她们而言，学习并不是一堵高墙，而是像玩滑雪板一样有趣的事情。

在小学阶段，最有效的学习方式是通过让孩子在愉悦中学习来实现。教育工作者应该发掘出寓教于乐的学习方法，就像孩子们在玩耍中学习自己喜欢的东西一样，让学习变得有趣。家长也需要找到更为明智的引导方式，让孩子们愿意全身心投入很长时间却感觉不到时间流逝，享受学习的乐趣。

利用周末时间帮助孩子建立自我认同感

培养认同感的三大原则

TGIF（Thank God It's Friday）是一句表达周末来临的欢乐话语，意思是“感谢上帝，到周五了！”在美国，人们好像只盼着过周五，平时就是为了等待周末的到来。从周五下午开始，无论是在工作场所、市场、学校还是家里，都弥漫着派对的氛围。周末到来之后，人们放松紧张的心情，开始享受休闲时光。无论去哪里，都能感受到和朋友一起外出玩乐的愉悦氛围。

周五下午，当我到学校接孩子时，整个校园，无论是孩子还是老师，都洋溢着兴奋的气息。孩子们坐在车里大喊：“妈妈！今天是星期五！”孩子们比我们更快适应了这种文化，自然而然地融入了这种氛围。我曾经考虑让孩子们按照自己的方式度过周末，毕竟她们在学校学习了很长时间，但如果像美国人那样度过周末，我们失去的东西可能会比获得的要多得多。因为我们在异国他乡生活，如果像当地人一样过周末，可能会失去自己的独特性。因此，我思考是否需要以不同的方式过周末，是否需要让周末的时间变得更有意义。

周五最引起争议的一个想法是与朋友一起举行通宵派对（sleepover）。这个派对是指关系亲密的孩子们聚在一个朋友的家里通宵玩耍。从小学到高中，这个“夜宴”一直延续着。孩子们会制定详细的计划，决定在哪个朋友家里进行什么活动。通过一起睡觉和玩耍，孩子们会结交到新朋友。小学时一起参加这个聚会的朋友们往往会一直保持友谊直到高中毕业。对于孩子们来说，周末在哪家聚会是最感兴趣的事情之一。我们家的孩子也不例外。

作为牧师的孩子，我们家的孩子每周都会接到邀请。对于我们而言，这是一个经常令人左右为难的问题。

我们曾经花费很多时间思考孩子们应该如何度过周末。每到周末，孩子们总是问：“为什么只有我们要做这个？”或者“为什么只有我们不能做那个？”这是因为我们夫妇决定在这个关键时期为她们的未来打下坚实的基础。**我们决定利用周末的时间来帮助孩子们建立自我认同感，我们的目标是：帮助孩子们认识到自己的基督徒身份、韩国人身份以及对家庭的认同。通过建立一系列标准，让孩子们清楚地认识到什么应该做和什么不应该做。**

我们家制定了孩子们周末必须遵守的三项规定：第一，不参加通宵派对。第二，学习韩语。第三，参加宗教活动。因为我们认为周末的活动对孩子们的身份认同非常重要，所以作为父母的我们做出了这样一项决定。我们相信，如果从小就让孩子们寻找自己的身份认同，她们将来就能够创造属于自己的故事。我们家的这些原则一直持续到孩子们成为高中生。

正如所预料的，孩子们都成长得很好，并且每个孩子都找到了自己的人生目标。同时，她们在清楚地认识到自己是韩国人的基础上，也学习了如何在多文化的环境中和谐相处。家庭是我们的中心，我们通过实践这三项具体原则来展现洋溢着爱的家庭是什么样子的。

1. 家庭优先

在多子女的家庭中，制定规则时必须考虑到最先受到影响的长子或长女的反应和结果。因为长子或长女可能是最大的受益者，也可能是最大的受害者，所以首先要考虑他们的情况。这个规则不仅会影响长子或长女，还会影响弟弟妹妹，因此需要谨慎考虑。

对于大女儿惠敏来说，她在学校有一些亲密的朋友。这些孩子们经常邀请她参加通宵派对。虽然惠敏希望得到父母的许可，但我们的回答总是“不行”。让一个失望的孩子理解为什么不能让她去参加这些聚会是非常困难的。因为无法确定朋友们的家庭状况，也不能确定在聚会上会有哪些孩子，所以我们不能让她在晚上外出。此外，我们认为第一次决定的重要性在于，如果允许了一次，那么就不会止步于此。这对于小学生来说也许没问题，但对于中学生和高中生来说，她们会开始尝试摆脱父母的保护。因此，我们必须对孩子的安全和健康负责，并在考虑成长和未来时进行综合考虑。

如果孩子小时候允许做的事情，然后等长大后再对此进行限制，可能会导致激烈的家庭冲突。孩子们可能无法理解父母态度的转变。

对于小学生来说，要理解这些复杂的情绪和担忧是非常困难的。因此，虽然孩子们可能无法完全理解，但是我们仍希望她们能够顺从父母的要求。正如我们所期望的那样，惠敏做得非常好。

对于惠敏来说，虽然她不能在朋友家过夜，但我们同意她在那里吃晚饭，并且可以在那里和朋友一起玩耍到晚上 9 点。如果她同意这个安排，我们会准时去接她回家。这样一来，大多数朋友的父母就都理解了我们的考虑。尽管惠敏可能还有些失望，但对于小学生来说，这个时间已经足够了。此外，她也很感激我们给了她参加聚会的机会。由于妹妹们一直见证着我们对惠敏的态度和决策，所以在通宵派对这件事上她们也没有任何抱怨。

在美国，孩子们一般在高中毕业后就会离开家，开始独立生活。上大学以后就要彻底开始经济和物质上的独立。这意味着我们还剩下 6 年的时间可以和惠敏生活在一起。我们无法确定何时还能跟她再次在一起生活，但我相信，现在在一起的时间将决定我们家庭关系的未来。我们选择了一条艰难的道路，而且想要掉头也不容易。然而，惠敏逐渐适应了这种生活方式。物以类聚，人以群分，她也结交了一些志同道合的朋友。她周末和家人一起度过，平时则与朋友们相聚。如果没有从小就接受和家人相处的训练，那么孩子长大后也不会形成以家庭为中心的观念。

2. 学习韩语

即使不必上学，周六早上我们家也会是吵吵闹闹的，因为孩子们要学习韩语。平时，她们可以自由地阅读韩语书籍，但是周六上午，我们规定了一起上课的时间。周六早上，孩子们可能不想还像在学校里一样学习，而是想要睡懒觉或放松身心。

刚来美国时，我最珍贵的财产就是丈夫和孩子们的书。因为搬运成本比重新购买更高，所以我只带了几件衣服，但带了十几个箱子的书。我还带了三年的韩语学习教材，这些教材一直被使用到我们家第三个孩子出生，这让我感觉自己的努力有了回报。除了从韩国带来的童话书，再加上从别人家得来的韩语书籍，我们家里足足有五六百本书。

我们 1998 年来到美国，到 2008 年一共搬了 8 次家，每次搬家最大的问题就是搬书。我们没有能力聘请搬家公司，即使请了，高额的费用恐怕也是一笔很大的开销。把孩子破破烂烂的书从韩国带了过来，始终不离不弃的行为看起来可能有些傻，但对我们的孩子来说，这些书非常珍贵。因为这些图书和教材，我们的孩子们才有了韩语的启蒙学习，才能够驾驭两种语言。这些书一直保留到 2019 年，就是我们的第三个孩子惠星大学入学的那一年。这已经是我们在美国生活的第二十个年头了。

在孩子们进入小学之前，我们通过阅读让她们认识韩语文字。在她们能够自己阅读韩语之前，我们会读给她们听，这样她们就能够通过图画来认识文字。之后，当孩子们上小学时，我们会让她们通过韩语课本来学习语法和写作。小学是让孩子们掌握韩语的最佳学习阶段，尤其周末，是一个非常好的学习时间。如果在这个时候不投入时间学习，到了中学和高中就会变得更加困难。

在我们家里，说韩语是一项家规，尤其是孩子们之间必须使用韩语交流。一旦她们违反了这个规定，我们会严厉批评。我们家第三个孩子惠星是在美国出生的，虽然会说韩语，但她经常忍不住用英语表达自己的想法。很小的时候，她已经认识到只在家里使用的韩语不如在外面听到的英语实用。因此，她先学会了英语。

周六学习韩语是我们为了未来考虑而安排的，而不是为了当下的需求，但让孩子们完全理解这一点很难。然而，错过这个时期以后再学习会更加困难，因此即使很困难，我们还是要行使父母的权威，强制孩子们学习。

在开始学习韩语之前，我们一定会提醒孩子们为什么需要学习韩语，以及我们来自哪个国家，以唤醒她们的身份认同感。只要父母不放弃，坚持下去，孩子们总有一天会理解的。当孩子们学会了一定程度的韩语后，我们允许她们观看韩国电视节目。即使只是通过看电视这样间接地接触韩语和文化，也会比课堂学习更有趣。在肯塔基州，即使在户外待一整天也很难遇到一个韩国人。因此，我们为孩子们申请了韩国有线电视，并允许她们观看韩国电视节目。多亏了这个，孩子们的韩语水平和对韩国文化的理解也都逐渐提高了。

慢慢掌握了韩语后，孩子们开始逐渐意识到学习韩语所带来的好处，并且对于自己是韩国人这个身份感到自豪。每个周末投入时间的学习效果也在高年级的学习中开始显现。在社区服务时，她们也体验到了用英韩双语工作的角色有多棒。

此外，取得了高分的 SAT 韩语科目后，她们被正式认定为双语使用者。在大学里，她们也受益于双语带来的好处。惠星因此被选为韩国国会暑期实习生，对于主修政治学的她来说，这是非常宝贵的机会和经验。

一位康奈尔大学的教授在 2016 年 4 月发表的专栏文章中提到，多项实验证明，双语使用者比单语使用者具有更强的社交能力。这是因为在使用多种语言的环境中成长，能够更好地理解和融合不同民族的文化和语言。在越来越全球化的美国社会中，这种能力对于我们的孩子来说是必要的。而对于没有接触过韩语周末课程的孩子来说，这为她们提供了学习、理解和融合多种文化和语言的机会，也开始认识到自己的文化和语言只是众多文化和语言中的一部分。这种认识有助于让她们理解其他种族，学会与之和谐相处。

3. 信仰活动

在周末，我们家的孩子们花费时间最多的活动是教会活动。自孩子上小学开始，我就让她们参加各种类型的礼拜活动，并强调家庭中的信仰生活。每天阅读圣经和祷告是我们的必修课，我们夫妇俩也始终以身作则，尽力做好榜样。孩子们跟随着我们的脚步，周末总是忙于参加教会活动。我们不仅鼓励孩子们在平时要认真完成学校的作业、考试、项目，还督促她们合理安排时间，以便周末有更多的时间参加教会活动。因此，孩子们从来没有考虑过在周末做作业或参加其他活动。

即使有再好的活动，我们也不占用周末的时间。如果有小组项目必须在周末进行，我们会提前说一声并调整时间，以免影响周日的信仰活动。中学之前都还好，然而到了高中，孩子们参加的活动越来越多时，我们遇到了许多困难：独自学习或考试准备可以提前安排，但如果是参加活动或是参与重要比赛，就会有些棘手。**孩子们从小就习惯于周末的信仰活动，也知道那是她们应该去做的。因此，即使要放弃一些机会，她们也不会忽视自己的信仰生活。**例如，二女儿惠恩因为小提琴比赛安排在星期日，为此放弃了准备了一年的比赛。同样，大女儿惠敏也放弃了星期日的辩论比赛。尽管星期日举行的活动和比赛越来越多，孩子们会错失一些机会，但她们始终能够坚定地选择，最终都获得了更好的回报。

上学前不学英文的原因

外语可以这样学

惠敏五岁那年第一次来到美国，第二天就开始在幼儿园里学习英语。幸运的是，即便母语是英语的美国孩子，也是从字母表开始学起的。像惠敏这样从国外来的孩子们，虽然无法用英语交流，也无法理解，但也可以从字母A开始，一步步地和其他孩子一起学习。随着时间的推移，惠敏掌握了字母，但回到家看的书仍是熟悉的韩语故事书。为了帮助她更好地学习、掌握英语，我想出了一个办法——让她和我一起阅读英语图书。

起初，我的英语水平还十分有限，于是选择了一本非常简单的童话书，和惠敏一起阅读。那时，担心自己不准确的发音会对孩子产生影响，因此我让她按照自己在学校学到的方法，先逐词发音，然后再连起来读。虽然用这种方式读完一本书大约需要两个小时，但常见的简单词汇我们很快就掌握了。慢慢地，我们的发音越来越地道，孩子也开始充满信心地阅读简单的英语书籍。

我和惠敏一起阅读的书是《*Are you my Mother*？（你是我的妈妈吗？）》。我至今仍记得那本书，因为它是我和惠敏一起阅读的唯一一本英语书。至于二女儿惠恩和小女儿惠星，我未曾陪她们读过任何一本英语书。尽管英语是更常使用的语言，但我们仍希望孩子们认识到英语只是一门外语，她们的母语是韩语。因此，我和丈夫只给她们读韩文图书。

在进入学校之前，孩子们也只说韩语。我们从未在家里教过孩子英语，对此，我们家有以下几项原则：

· 家人之间只能用韩语沟通

· 在能自己阅读韩语之前，由妈妈和姐姐给孩子读书

· 外语应通过与外国人的交流来学习

· 学习外语应先从书本开始

· 除了英语，也可以尝试学习其他外语

我们生活在美国，因此并未急于教孩子们英语。许多移民父母担忧孩子因英语非其母语而落后，因此觉得必须提前让孩子学英语。**然而，当观察惠敏学习语言的过程时，我认识到，重要的并非什么时候开始学习某种语言，而是如何发展认知思维。**尽管惠敏在幼儿园与其他孩子一起学习英语字母，但作为外国孩子，她仍需要参加额外的 ESL[①] 课程。

惠敏开始学习 ESL 课程不久后，我丈夫的留学签证即将到期，

① 全称为 English as a Second Language，即以英语为第二语言 / 外语，是针对母语非英语的并把英语作为第二语言的语言学习者的专业英文课程。——译者注

需要返回韩国进行延期。当我们全家回到韩国时，恰好遇到 IMF（国际货币基金组织）危机，无法获得签证。这令我们措手不及，被迫停留在韩国。那段时间，我全力应对签证问题，无暇照顾孩子们。孩子们大多数时间在爷爷奶奶家看电视。通过我们全力以赴的努力，几个月后终于回到了美国，而惠敏也才得以重新回到学校。

回到学校后不久，惠敏的班主任安排了一次例行的家长面谈。班主任问我："在韩国期间，您是否因为觉得英语很重要，给孩子特意安排了英语学习？"由于我在韩国期间一门心思处理签证问题，对孩子们的教育并未投入太多关注，因此不理解班主任为何提出这种问题。当我回答并未给孩子安排额外的英语学习时，班主任十分惊讶地表示，惠敏的英语水平有了显著提高，已经不需要再继续学习 ESL 课程了。听了老师的话，我感到非常惊讶，因为在韩国的那段时间，孩子们主要说韩语，并且大部分时间都在看电视，这让我对班主任的反馈感到迷惑不解。

优先学母语

这次经历让我深刻认识到，相较于学习多种语言，更重要的是先彻底掌握一种语言，提升认知能力。在此基础上，学习其他语言可成为改变已有知识结构的工具。我的这种观点在二女儿和小女儿身上也都得到了验证。比如，二女儿在两岁之前从未学过英语，完全是通过我们给她读的韩语书启蒙学习了一点儿韩语。虽然小女儿是在美国出生的，但情况也差不多。三个孩子都是从幼儿园阶段开始学习英语字母的。

起初，她们的英语能力在某些方面确实不及母语为英语的孩子。但到了二年级，她们的进步神速，二女儿还被选为优秀学生。经过两年的英语学习，她们就能够用英语表达自己的想法了。同时，由于持续学习和使用韩语，她们也能够轻松自然地驾驭两种语言。

从小学开始，孩子们就在生活中同时使用英语和韩语。我认为学习英语并不需要父母的过多参与，因此孩子们主要依赖学校的课程进行学习。刚到美国时，我们收到的建议是：让孩子们多看有趣的英语动画或电视节目，这样她们就能耳濡目染，学会英语。说不着急让孩子们尽快掌握英语，那是假话，但我也不希望因小失大。因此我坚持让孩子们首先阅读韩语书，然后逐步引导她们对英语图书产生兴趣。最后，我们发现阅读英语书籍比观看英语视频更有帮助。

由于孩子们可以使用两种语言，所以她们能记住双倍的知识，能在不同的环境中有效地运用这些知识。这证明她们的大脑在接收、理解和处理信息方面的能力在不断提高。她们可以根据环境，快速地选择使用不同的语言表达自己的想法，因此沟通技巧也得到了锻炼和提升。同时，她们更能理解对方说话的意图，拥有解决问题和从不同视角看问题的能力。在两种语言之间切换的过程中，孩子们的思维方式得到了拓展，并能更有效地催生出创造性思维。正因如此，小学阶段就为语言学习奠定了坚实的基础，并因此自发地对学习其他语言产生了兴趣。

进入初中后，孩子们结交了很多来自南美的朋友，自然而然地有了学习西班牙语的机会。于是，她们开始学习第三种语言，而且一直延续到了高中时期。即使在最难的 AP（美国大学先修课程）考试中她们也取得了高分，成功解锁了一门新的语言。

对于二女儿惠恩来说，AP 课程的老师对她的帮助很大。那位老师总是在课堂上问学生们："为什么你们在家每天都说西班牙语，但是 Blessing（惠恩的英文名）的西班牙语却比你们说得还好？"这个问题也让同学们感到困惑，因为选修这门课的大多数学生都来自南美，而西班牙语是他们的母语。惠恩读完十一年级时，还获得了与西班牙语相关的奖项。在一个由 60%的南美学生组成的学校中，获得西班牙语奖项对惠恩来说无疑是一项巨大的成就，这也为她进入大学后的学习提供了契机。小女儿惠星也像姐姐们一样，对法语产生了浓厚的兴趣，开启了她的学习之旅。

在大学阶段，孩子们也表现出了对学习新语言的兴趣。当我询问小时候同时使用两种语言是否对她们有所助益时，她们毫不犹豫地作出了肯定回答，并列举了掌握两种语言的优势：

· 能够快速推断出单词的意思

· 学习语言时语感好

· 能轻松记住新词

· 文章写得好

· 能够洞察不同语言之间的微妙差别，以及语法、句子结构和发音的不同我想强调的是，在外语教育中，首要之事是夯实母语的基础，提升思维能力。在此基础上，可以引导孩子学习其他的语言，并鼓励孩子在生活中去使用这些语言。如果孩子能在小学时期就掌握两种语言，她们的口语表达、创造性思维、沟通技巧以及认知能力都将得到更为全面的发展。

多元文化的“熔炉”——在美国的生活之道

接纳、理解和包容

孩子们在肯塔基州的威洛度过了童年时光。那是美国东南部非常有代表性的一个乡村小镇，大多数居民都信奉基督教，因此小镇被誉为“神圣之城”。在这里，所有商店每天晚上都是 6 点钟关门，周日不卖酒。为了贯彻传统，连锁快餐店在此难寻其迹，甚至像麦当劳这样的全球连锁店也未在此立足。

威洛是一个宁静而神圣的小镇，邻里间互相扶持，和谐相处，生活节奏缓慢平和。在这种宽容和热情的氛围中，我们这些新来的居民也能感受到当地人的友善。在那里生活的日子，我们从未因为是异乡人而受到任何歧视或冷落。对我们来说，那个小镇已经变成了我们的第二故乡。

阿斯伯里大学和阿斯伯里神学院就坐落在这个小镇，大约有

4000 名学生在此求学，学生的数量与当地居民的数量几乎持平。阿斯伯里神学院吸引了全球有志之士前来接受牧师培训，我们一家也是其中的一分子。在这里，孩子们有幸与不同文化背景的人接触，也体验了世界各地文化的魅力。她们与其他的孩子们一同骑自行车，享受着三三两两聚在公寓周围玩乐的快乐时光。在这里，孩子们接触到了各种不同的文化和食物，同时，也在不断地听到陌生的语言，慢慢学会了接纳、理解和包容。通过这样的经历，孩子们彻彻底底地被全球化了。

语言学习成了我们日常生活的重要组成部分：一方面不能忘记母语，坚持使用母语，另一方面，也要努力学习并掌握新的语言。它是我们与不同文化背景的友人沟通交流的桥梁，还是与其他人交流的工具。**值得庆幸的是，孩子们似乎在学习语言之前就已经真诚地接纳了来自世界各地的人们，并为与他们进行交流做好了准备。**

摒弃偏见，沟通交流，共同生活

大女儿惠敏升入初中后，我的丈夫也完成了学业，被分派到新的工作地点，因此，我们全家不得不搬到加利福尼亚。这样一来，我们的生活环境发生了翻天覆地的变化，从宁静的乡村转变为繁华的大都市。加利福尼亚是一个多元文化的聚集地，许多不同背景的人因为各种理由，通过各种方式移民到这里，他们都在坚守自己的权益。为了和这些背景更加多元化的人和谐共处，更多的包容和理解就显得尤为重要。

洛杉矶近半数的居民都是来自南美的移民，接受并理解这个事实是在这里顺利生活的关键。我们不应无视这些南美的移民，而应该学习如何和他们沟通、共处。然而，令人遗憾的是，大部分韩裔移民却选择避开这一现实，过着自我的生活。他们自视与其他移民有所不同，因此避免与其他移民接触。但在白人眼中，所有移民都是一样的，他们并不认为韩裔移民要比南美的移民好。实际上有些时候，由于移民人数众多，白人听到他们的声音都会感到害怕和不安。那些未能看清这一现实的韩国人反而希望与白人生活在一起，试图与白人竞争或尝试融入他们的生活。

韩裔父母们在给孩子选择学校时，往往会明显地反映出忌讳与南美移民一起生活的想法。他们会刻意避开南美人居多的学校，转而选择以白人为主的学校。美国公立学校的一个重要原则是公平对待所有种族，提供平等的教育机会。对于我们这样一个移民家庭，而且是一个“少数民族”的移民家庭，也是一个低收入家庭，这一原则于我们而言提供了巨大的慰藉和机会。实际上，美国是一个全球化的多元文化社会，孩子们去学校后交往的朋友无论是白人，还是亚洲人、南美移民，这并不重要，为和睦相处而开展的沟通、交流才是最重要的。

保持冷静，严守底线

主导权要掌握在父母手中

美国的新郎和新娘会自主独立地策划婚礼，他们的父母不会干预任何细节，而是尊重孩子的每一个决定。甚至父母也必须受到邀请才能参加婚礼，因为这个场合的主角不是他们，而是两个独立于父母的个体。在这样的婚礼中，他们父母的角色只是祝福孩子，认可即将开启的未来。然而，能有人在成年前就完全独立自主地处理所有事情吗？一个刚出生的婴儿是否能够独立生活？答案显然是不可能的。人类一出生就与父母建立联系，这种联系由父母主导。但随着孩子的成长，父母将主导权逐步移交给子女，待到成年时，孩子就变成了一个完全独立的个体，不再依赖父母的引领。

而在孩子成年前，父母应牢牢掌握主导权。所谓的主导权，是指父母在自己与子女关系中引领各种情况的权利，这是父母的权威和使命。父母的领导力对孩子的成长有着巨大的影响，至少在孩子完成初中教育前，父母的领导权不应受到质疑。当孩子步入青少年时期，父母可以适度地放手，不用再像之前那样完全掌控孩子的生活，而是尊重孩子的观点和意愿。在这个过程中，父母可以适当适时地作出一些让步，让孩子也参与决策和规划。

当孩子无理地要求买玩具时，该如何应对？这是父母常常面对的问题。是选择果断地带孩子走，还是为了避免尴尬，将问题化小并满足孩子的要求？实际上，面对这种情况，一刀切地决定什么是最佳做法可能颇为困难。有时，我们会担心，如果过度坚持父母的主导权，是否会显得过于强硬。有时，我们可能会优先考虑孩子的观点，这样又过于以孩子为中心，而过度迁就孩子，可能会让我们错过教育孩子的良机。我和许多其他父母一样，对此深感忧虑。

明确孩子的权限

孩子在小学阶段形成的人际交往模式将深刻影响他们一生的人际关系。如之前强调的那样，孩子的教养应由父母来主导。这个观点的依据在于对人性本质的理解，即“人本善”与“人本恶”的问题。如果从“人本善”的角度出发，人类天生具有善良的本性，能自我成长并实现自我价值。因此，在所有的教育过程中，孩子应是主角并且拥有主导权。而另一种观点“人本恶”，认为人性本质上具有恶意，这在基督教中被称为“原罪”。因此，我们需要教育和引导孩子，让他们恢复良善本性。

我更倾向于“人本恶”的观点。即使是看似纯真无邪的孩子，从出生的那一刻起就潜藏着自私、嫉妒、叛逆、说谎等负面特质。这些特质不需要别人教，孩子就会自然而然地表现出来。

仔细看我的二女儿惠恩的百日照片，你会发现她脸上有一个小伤痕。这个伤痕背后有个故事，正是在拍摄百日照片的那天发生的……

我的大女儿惠敏从小就表现得比同龄人成熟。在她四岁时，我怀上了二女儿，惠敏满怀期待地等待着妹妹的到来。也许就是这个原因，当期盼已久的妹妹出生后，她开始帮助我做一些力所能及的事情，尤其在我产后调理的期间。家中新增了一名成员，我特别希望能让惠敏明白，即使有了妹妹，她的生活和情感也不会受到任何影响。幸运的是，惠敏不仅接受了妹妹的存在，而且非常疼爱她。

在庆祝二女儿惠恩满百天的那天，我们带她去了乐天世界。毫无疑问，这个日子的主角是二女儿，我们甚至为她特别选了一身漂亮的衣服。然而，她突然哭得很厉害，而我惊讶地看到大女儿惠敏正在捏她的脸。尽管这是单方面的争吵，但却是两个姐妹之间的首次冲突。惠敏一直非常听话，我一直以为她能像我一样理解和尊重他人，但这只是错觉。

这件事情并不是因为惠敏的行为突变，而是因为我们作为父母，没有预见到她内心的嫉妒情绪。尽管一直表现得很成熟，但自从妹妹出生以来，她的嫉妒情绪一直在积累，最终在那一天表达了出来。因此，必须承认，即使是我们深爱的孩子，也可能有出乎意料的一面。

如果你认为孩子是完全纯真善良的，那就好比戴上了有色眼镜，这会导致我们犯下“她只是个孩子，可以原谅”的误解。我们必须承认并接受孩子也可能具有不良的一面，要避免恶习的形成，因为这可能会影响性格塑造。因此，我们需要进行客观的教育，有时甚至需要实施恰当的惩罚。

我们应该教育孩子如何承认错误并请求原谅，即使她们还很小。如果年幼时未能掌握这一技能，到了高年级可能会变成一个大问题。因此，孩子年纪越小，父母就越需要建立起领导地位。如果父母能够对三岁的孩子进行适当的引导，那么亲子之间将能够保持良好的亲子关系，直到孩子长大成人。

没有父母会直接询问孩子“你想上学吗？你讨厌学习吗？”相反，父母需要的是引导孩子理解人生的重要价值观和规则。在我们家，宗教信仰是一项重要的价值观，必须遵守。我们如果问孩子“今天是主日，你想去教堂吗？”，她们可能会回答“愿意”或“不愿意”。但是有些情况下，父母不应该根据孩子的回答来改变自己的行为。换句话说，对于重要的价值观，孩子的意见并不是最重要的，父母的立场才是关键。所以，我们应该把问题换成：“今天是主日，你准备好去教堂了吗？”

在家庭生活中，父母需要坚决保证主导权的事项包括：

· 宗教信仰

· 对父母的尊重

· 礼貌待人

· 社会规范

· 道德承诺

· 生活规定（例如电脑使用时间，看电视的时间等）

而在以下领域，孩子可以拥有更多的自主权：

· 玩耍活动

· 选择朋友

· 兴趣爱好

· 学习

当孩子从幼儿阶段过渡到小学阶段时，开始更加积极地表达自己的想法和观点，甚至可能会与父母进行逻辑争辩。我确实认同孩子应该拥有一定的自主权，从小事开始做起，自行做出决策。对于孩子所热衷的游戏，我认为父母应避免过度干涉，而应该将决策权全权交给孩子，让她们自行判断。这是因为这些游戏是孩子的动力来源。无论是游戏还是其他兴趣爱好，只要孩子对此充满热情，就应成为主导者。在选择朋友方面，父母也应给予孩子自由，并对孩子的行为进行适当的监督。在学习方面，我愿意让孩子自行决定。过度强迫孩子参加补习班可能只会致使她们对学习失去兴趣。

父母应该始终“统一立场”

父亲是孩子们的镜子和榜样

我有一件 T 恤，每次穿出门都会吸引不少目光。因为上面印着这样一句话——“魔镜啊，魔镜，我竟然变成了我的母亲！（Mirror, mirror, on the wall. I’ve become my mother after all!）”。这句话是对白雪公主继母台词的改编。通常，穿这款衣服的人大多是女性，特别是有孩子的妈妈们。对这句产生共鸣的人同样也是女性和妈妈们，她们看到这句话时常感慨，“我也是这样”。

尽管这句话充满了美式幽默，却也反映出了她们的困扰，那就是她们并不想变成自己的母亲。我在阅读这句英文时，会习惯性地进行意译，所以我的理解是“孩子们会沿着父母的足迹，成为父母的翻版”。

从小学开始，为孩子寻找一个可以模仿的榜样并非易事。因此，父母自然就成为孩子们生活中的榜样。孩子们和父母朝夕相处，无时无刻不在学习模仿父母的方方面面，那么结果又会如何呢？以我家为例，我的三个女儿看到爸爸做什么都会去模仿，无论是外在形象、性格，还是兴趣爱好，什么都想有样学样。我的丈夫是一位牧师，无论在家中还是在教堂，他的行为举止都完全符合孩子们对他的期待。因此，我的丈夫是孩子们尤为尊敬和敬爱的人。

另一方面，我丈夫对于我们的三个女儿来说，既是父亲，又是她们的亲密伙伴和智慧导师。孩子们的父亲乐于陪伴她们玩耍，总是细心检查家里每个角落是否需要修理，还会耐心地与她们交谈，解答她们的问题。他也时常关心女儿们的朋友们，询问她们在学校或教堂里的生活状况。他们有时会一起进行户外运动或者露营，父亲总是用幽默的话语鼓励女儿们克服恐惧。

在家中，我和丈夫形成了良好的互补，一严一宽。他是女儿们温暖的港湾，常常鼓励她们，“不怕走得慢，只怕止步不前，只要方向正确就行”。他教导女儿们要保持冷静，不要着急。在父亲的教育下，女儿们逐渐成长，受到他那温和而亲切的性格潜移默化的影响，她们越来越善于与人相处，能敏锐地察觉他人的情绪，最终都成了人际交往的高手。如今，她们无论身处何处，都是温文尔雅、善于交际的女性。这种亲密的父女关系使得她们在成长过程中增强了自信心、勇于冒险，不畏惧和同龄人的竞争。

夫妻要“心往一处想，劲儿往一处使”

尽管我的丈夫是一个温柔和善的人，但他绝不会忘记，我们两个是一个团队。我以我的方式扮演着母亲的角色，而他以他的方式

与孩子们相处，但我们始终坚守一个核心原则——“心往一处想，劲儿往一处使”。当然，我们的孩子也非常清楚这一点。即使他是一位和善的父亲，也绝不会纵容试图逃避家庭责任的孩子，更不会允许孩子挑战我作为母亲的权威。我们夫妻二人在任何事情上总是持相同的观点，作出一致的决定，而且绝不会在孩子面前指责对方。

如果在一些与孩子有关的决策上出现分歧，如教育子女的方式等问题，我们会提前充分地沟通和协商，并在最后达成共识。如果夫妻之间因为意见不同而产生冲突，即使尽力掩藏，孩子也能感受到压力。在教育子女时，只有给出明确的“可以”或者“不可以”的指示，孩子们才不会感到困惑。因此，只有夫妻之间达成一致，才能给孩子带来稳定和安全的感觉。作为执行相同理念和共识的决策者，我们应该始终在孩子面前作出良好的表率。身为父母的我们难免有些缺点，但关键是诚实地沟通、理解彼此。最重要的是，作为一个团队，我们必须将孩子的成长放在首位，并有勇气付出一切。

何时可以允许孩子使用电子产品呢？

防止孩子沦为电视的“俘虏”

在我们家，最难以执行的一项规定就是观看电视。在其他方面，只要我们耐心解释，孩子们都能顺从并接受我们的要求和安排。然而，涉及看电视这一问题时，我感觉就像是在进行一场艰苦卓绝的斗争。

我们制定的规则是：孩子们在周中不允许看电视，只有在每周六，完成韩语学习后，她们才能享受 2~3 个小时的电视时间。有时，我们需要参加聚会，这就意味着孩子们不能独自在家，因此她们会错过看电视的机会。偶尔去别人家里做客时，她们可以在完成作业和其他任务后，和其他孩子一起看一些高质量的动画片或电视节目。

我尽量向孩子们详细解释观看电视可能带来的负面影响，但这似乎使她们更渴望观看电视，甚至将我所说的话抛诸脑后。如果你现在问为什么以前不看电视，她们会直接回答：“因为妈妈不让我们看。”但真正重要的不是被她们遗忘的原因，而是我作为母亲拥有的决定权，保护她们免受电视可能带来的负面影响。

有些人可能会认为看电视有好处，特别是对于我们这样的移民家庭。由于我们不能与孩子们充分讨论时事，有人提议应该让孩子们看看电视，以便更好地了解世界。还有人认为，如果孩子们想要与朋友交流，就需要看电视，否则会与同龄人失去联系，甚至被孤立。然而，无论如何，从电视中获得的益处远少于由此产生的损失。从经验上看，孩子们在看完电视后通常会变得较为敏感，更容易发生争吵。另外，在观看电视后，她们需要很长一段时间才能再次专注于阅读或学习。通常，她们需要至少两到三个小时才能恢复集中精力的状态。

对于孩子们来说，那个有趣且易操作的“方块怪物”无疑比书籍或玩具更具吸引力。因此，父母需要通过约束和鼓励的方式来抑制孩子们想要观看和玩耍的冲动。因为，只有父母才能战胜这个“怪物”。事实上，我的孩子们在很小的时候就开始接触电视，直到成年，我们还一直在努力让她们远离电视。这是一场持续了 20 多年漫长而艰苦的战斗。有时，我们会感到筋疲力尽，甚至想要将电视完全交给孩子们，让她们自由观看。但是，尽管电视是一个强大的对手，父母的爱和信念却是无法被击败的。因此，父母在这个问题上的主导作用至关重要。

如果父母在看电视，却不允许孩子们看，那么孩子们是不会接受的。我们夫妇俩作为成年人移居美国，所以接触媒体的机会比孩子们多。有一点遗憾的是，如果更早接触这些媒体，我们的英语水平可能会更高。然而，我们并没有后悔，因为我们做出了最佳的决定，为孩子创造了一个更美好的未来。

现在我们全家人聚在一起的时候，有时会回忆起孩子们童年时期的故事，尤其是那些与电视相关的小插曲。在美国，未成年人不能独自在家，但有时孩子们会暂时独自留在家里。在这种情况下，孩子们有时会偷偷地看电视，享受一下“作弊”的乐趣。孩子们回忆说：“有一次，我们以为你已经走了，就偷偷看了电视，然后你突然又回来拿东西，我们都吓坏了，只好假装在看书。”其实那次我在开门之前就听到了她们慌乱的声音，我当然知道她们在做什么，只是选择了装作不知道。

虽然严格地限制孩子们看电视是必要的，但偶尔也需要给孩子们一些呼吸的空间，所以我并没有去责备她们。虽然经常谈论这个话题，但孩子们没有因此对我们的要求感到不满。她们有时会笑说，将来要在自己孩子的房间里安装监控摄像头。就像严师出高徒一样，那些在严格规定下成长起来的孩子们，长大后是能够理解父母当初的做法，回忆起来，心中充满的是感激和喜悦。

教孩子学会节制

大女儿和二女儿还在读小学时，最受孩子们欢迎的玩具就是游戏机，尤其对男孩子来说，是他们的必备玩具。对于那些刚从韩国来到美国的孩子来说，游戏机就更是必不可少了。不论是在家里还是在聚会中，孩子们常常会拿出自己的游戏机一起玩耍，他们认为这是与其他小伙伴建立友谊的最佳方式之一。

因为我们的孩子没有游戏机，所以她们总是羡慕地看着其他孩子玩耍。当时，一位韩国朋友注意到了这个情况，于是在圣诞节的时候送给我的女儿们一台昂贵的游戏机作为礼物。虽然我们对他的慷慨心怀感激，但也感到有些困惑。经过几天的思考，我和丈夫决定，孩子们并不需要这个游戏机。于是我们向朋友表达了感谢，感谢他的慷慨，然后把礼物退回去。这件事情也让我们重新思考是否应该让孩子们拥有游戏机。

在我们家，电视和游戏并不是任由孩子们随意享用的。从小学时期开始，我们就培养孩子们形成了“无电视、无游戏”的习惯。这个习惯在进入高中后，对学习也有很大的帮助，因为孩子们可以很好地分配和使用自己的时间，使得繁忙的高中生活变得有序、有计划。这都是因为我们通过长期的训练，培养了孩子们的自控能力，她们从未因为沉迷于某样东西而无法自拔，也不会因为冲动而无法控制自己。实际上，这种习惯需要长期的培养，不是一朝一夕间就可以形成的。

当孩子们进入大学后，不再需要遵循家庭的规则，拥有了更多的自由时间。此外，也不用再听父母的唠叨，即使不上课，一整天都坐在电脑前或电视前，也不会有人说什么。虽然这看起来可能像是体验小时候没有过的自由和放纵，但成年后看电视或使用电脑，并不会对大脑产生负面影响，也不会让她们丧失阅读习惯或者注意力。她们可以在专注于学习时全力以赴，娱乐时尽情享受，过平衡而有节制的生活。这不正是每个父母都希望自己的孩子能够具备的素质吗？然而，如果不从小就开始训练，是无法达到这种生活状态的。

第四部分

提高潜力和预见能力：中学时期

放下手机的收获

等到八年级

“八年级之前不使用手机”，这是我在 2019 年 11 月 25 日的《美洲中央日报》上读到的一篇触动人心的文章。这篇文章其实是一项倡议，呼吁家长们在八年级（也就是准备进入高中的那一年）之前，不要给孩子购买智能手机。如果有家长愿意响应这一倡议，可以在网站上注册并承诺。更有意思的是，如果同一所学校有 10 个及以上的家长做出承诺，就能知道彼此的身份，这让有共同想法的父母们有机会互相了解并一同探讨这个问题。

当看到这篇文章的时候，我最小的孩子也已经是一名大学新生了，实际上我没有必要参与这项活动。然而，我突然回想起了过去的日子，从大女儿惠敏到小女儿惠星，在进入大学之前，我并没有为她们购买智能手机。虽然那段时间我们像孤军奋战一般，经历了无数的挑战和困扰。但是，当看到这篇文章时，我内心涌现出一种“迟来的”共鸣感。我想立刻写信给这个倡议的发起人，分享经验，并告诉他们，我们在决定不给孩子们购买智能手机后，得到的无价收获。

在小学阶段，孩子们面临的挑战不仅仅是电视和游戏机，还有“智能手机”。当时，根据“无电脑”原则，在规定的时间内，除了完成必要的家庭作业和学习，孩子们不能自由使用电脑。每当我谈起这个问题时，人们总是问，这怎么可能？我一直这样教育自己的孩子，所以只要父母认为这不是孩子的问题，而是作为父母应该考虑的问题，就可以实现从不可能到可能的转变。比如，小孩要求拿刀，哪个父母会轻易地给呢？为什么不给呢？因为家长都知道刀具对小孩子来说是危险的。等孩子长大后，家长教会他如何安全、正确地使用刀具，然后才能给他。同样，如果作为家长的你意识到智能手机对孩子来说也是危险的，会轻易地给他吗？

在美国，父母们更倾向于尊重孩子们的意愿和自由，不会强迫他们做任何事情。但是，参与“无手机”倡议活动的人大多数是孩子的家长。这与典型的美国育儿方式不同，参与活动的父母显然是深刻认识到了智能手机对孩子的危险性。起初启动这项活动时，人们认为这是不可能的。然而，令人惊讶的是，截至 2019 年 11 月底，在美国各地有 22000 名家长自愿参加了这项活动。

硅谷的孩子们接触不到智能手机

在美国，还有什么样的人会意识到智能手机具有危险性呢？那就是身在硅谷从事尖端技术开发的程序员。他们直接从事 IT（信息技术）行业，了解智能手机对孩子们具有致命性影响。因此，他们严格限制孩子们使用智能手机。有些人甚至让他们的孩子去“特别学校”，这种学校追求“零智能”——即学校里不使用任何数码智能设施。学生们在教室里会徜徉在百科全书中，去探索新的领域，学习未知的事物。与其他学校的孩子用计算机在谷歌上搜索信息相比，他们可以说是完全“与世隔绝”。

2011 年 10 月 23 日，《纽约时报》报道中有一篇题为“不使用计算机的硅谷学校（A Silicon Valley School That Doesn't Use Compute）”的文章，介绍了这所名为“华德福”的学校（Waldorf School）”，使用“无智能数码设备”的教育方式，所有年级，没有智能手机、没有电脑，更加没有互联网。该学校认为计算机会破坏学生的创造性思维、人际交流能力，降低学生的专注力。

在数字化普及、便利无处不在的硅谷，为什么 IT 公司的从业人员坚持让自己的孩子远离数字化教育环境呢？原因在于电脑和智能手机会干扰思维能力的培养。有专家认为，学习是由位于前额叶的脑部活动完成的。使用电脑或电子设备会使前额叶活动程度降低，而阅读书籍则相反，能够使前额叶更加活跃。学习是形成知识网络的过程：在读书的过程中收集信息，将信息按照自己的方式进行整理，与他人讨论后再写成文字，最终形成属于自己的知识网络。而电脑仅仅产出结果，无法实现中间过程，因此无法进行有效的学习。更可怕的是，孩子和家长可能错误地认为简单地了解信息就是学习，这是一个危险的误区。

很多父母认为，电脑是有助于孩子学习的。但是，熟知电脑的硅谷人士知道事实并非如此。因此**他们更愿意花大价钱将子女送往那些没有任何电子设备的学校。他们期望自己的孩子通过阅读书籍，经由思考、讨论和写作的过程，产生新颖而富有创意的想法，从而为世界带来更多的贡献。**

近年来，越来越多的父母意识到电脑和智能手机对孩子的负面影响很大。很多专家也发表了相关研究结果，我们可以轻松地获取准确的信息，支持自己的观点。然而，在30年前，我生下大女儿惠敏时，还处于缺乏这种认识和相关信息的时代。那时，我们想方设法让孩子免受电视的影响。在十年后，当我生下小女儿惠星时，我们又在想方设法让孩子免受电脑和智能手机的影响。在这十年里，世界发生了很多变化，教育也因此变得更加困难，而我们却必须顶着这股汹涌的浪潮继续前行。

我们家里的原则是只有进入高中才能拥有手机。因此，惠敏只有一部参加学校活动时获得的MP3①，而二女儿惠恩和姐姐一样，中学毕业之前都没有手机。但是小女儿惠星的情况有所不同。那时，世界已经发生了翻天覆地的变化，大家都在使用智能手机，公司之间的竞争变得更加激烈，甚至完成一份合同就能得到好几部免费的智能手机。因此，尽管我不情愿，但还是在惠星上中学时买了一部老旧手机给她。当我去手机店寻找非智能手机时，店员们都摇头表示“没有”。在这个时代，人们无法理解有人会花“冤枉钱”去买一种落后于时代，只有预订才能买到的东西，而不选择免费就能获得的智能手机。

① 一种曾经流行过的音乐播放器。——译者注

当然，孩子们也曾抱怨过不方便。尽管如此，我并没有动摇，也没有放弃原则或向孩子们妥协。现在回想起来，这绝对是一个正确的决定。因为在孩子们理解我的想法后，家里的矛盾消失了，她们也更加感激父母了。与其他孩子不同，没有手机的孩子的路可能会更艰难点儿，但如果家长有坚定的信念，通过沟通充分说明，孩子们是会理解和接受的。

引导孩子做出更好的选择

即使孩子已经进入初中阶段，她们的自控能力仍然不足，需要进行有效的训练，这意味着需要父母的帮助。我绝不会让孩子独自坐在电脑前。为了便于监督，我家的电脑不会放在房间里，而是放在客厅这个开放的空间里。有时，学校会给孩子们提供电子教材，在这种情况下，我会额外申请纸质教材。另外，我想给家长们一个建议，那就是在孩子们睡觉前不要先睡。如果父母能尽心尽力地陪孩子完成功课再入睡，孩子们会感到安心，也不会有做其他事情的想法。当这些事情成为一种习惯，孩子们就可以成长为具有自控能力的人了。

虽然父母投入很多精力帮助孩子培养了一定的自我控制能力，但如果孩子自己没有决心，仍然无法脱离智能手机的束缚。我认为孩子在初中时期就足以自己做决定，如果进入高中时仍然表现出无法妥协的态度，那么最好还是给她们智能手机。俗话说，强扭的瓜不甜。对于已经长大的孩子，父母过分强制性的措施只会得不偿失，还会恶化与子女间的关系。

在孩子上小学和初中期间，父母引导孩子形成自主选择的价值观是很重要的。参加“到八年级再用手机”倡议活动的一位母亲在给女儿的信中写道:“送你智能手机的那一刻，我感觉会失去你，这让我十分害怕。”父母能够给予孩子最好的礼物是相伴左右的温馨回忆，这能向孩子传递父母的真诚，对孩子树立人际关系方面也是有益的。有位母亲带自己的儿子参加了美国常春藤联盟高校之旅后，孩子不仅有了梦想，还自己决定放下智能手机。只要父母不断与孩子沟通交流，就能够引导孩子自己做出决定。

在智能手机普及的时代，小女儿惠星在成长过程中却没有选择这种方式。她在申请哈佛大学时提交了一篇题为“没有智能手机的日子”的文章。之后，惠星在录取通知书里，发现了一张哈佛校长亲手写的贺卡，并提到说那篇文章给他留下了深刻的印象。

多种维度，丰富体验

拓宽孩子的视野

初中与小学是两个不同的阶段，在许多方面都有新的变化。比如，我们从肯塔基州的列克星敦搬到加利福尼亚州的洛杉矶后，从小城市到大都市的转变让我们生活的各个方面都发生了改变。洛杉矶与列克星敦不同，在这里有很多韩国学生。惠敏可以说韩语，学校也比之前大了很多，这一切都让她感到十分新奇。在同一个美国，但环境竟然完全不同，对成年人来说，变化如此巨大，对孩子来说更是如此。在列克星敦，惠敏几乎没有见过韩裔美国人，惠敏说起自己在学校和教堂遇到韩国孩子，虽然兴奋，但在很长一段时间里也感到有一些困惑。对于一个五岁就来到美国的孩子而言，认识韩国人的群体也成了让她了解自己的契机。

二女儿惠恩还是小学生时，认为周围的同学、朋友和自己没有什么两样。然而进入中学后，她说自己感受到了非常明显的区别，身边每一个人的生活背景都不相同。惠敏在韩国群体中体验到了文化的统一性，在中学时期感受到了文化多样性。

小女儿惠星在列克星敦出生，在她两岁时我们全家移居到了洛杉矶，与姐姐们的中学时期不同，她自然而然地与身边的韩裔社区融为一体，因此并未像她的姐姐们那样，强烈地感受到自身是个外来者的那种异样感觉。在这种背景下，惠星生活的环境比姐姐们更稳定，她未曾经历过什么大的变化和困难就步入了初中生活。但即便如此，惠星在学校里仍感受到了贫富差异带来的影响。

惠星就读的小学隶属于加利福尼亚州教育部，是一所开设全科天才（Magnet）班的公立学校。加利福尼亚州普通公立小学的学业评估指数（APR）平均分为 751 分（满分 1000 分），但惠星所在的小学评分高达 976 分，大多数学生都处在天才水平。由于天才班不仅需要学生具有良好的学术水平，同时还需要学生家长在教育上富有热情，在经济上能够给予支持。因此这所学校是出了名的“就读难”，惠星的姐姐们在转学时都没有机会去到那里。

惠星所在的初中既有普通班，也有天才班。那所学校的学生大多数来自低收入拉美裔家庭。美国的公立学校中，只要低收入家庭的孩子提出申请，就可以享受免费午餐，但这所学校却不需要申请，也从侧面说明了学校里的大部分学生都来自低收入家庭。事实上，惠星的姐姐们都是这所学校毕业的。当时惠星入学的时候，这个地区的中产家庭都迁居到其他地方去了，难民和移民的数量比以前多了。在这样的中学里，惠星看到了许多家庭经济困难、没有家长照顾的同学，也逐渐意识到每个家庭的情况都不一样。在这样的氛围中，惠星开始关注弱势群体，特别留意的是移民家庭的经济问题。

让孩子体验世界的一致性和多样性

初中阶段对于孩子们来说，是自我认知、展示个性多样性、理解社会及经济结构的关键时期。在此期间，孩子们从自我视角扩展自身的生活领域，寻找和融入社会群体是至关重要的。因此，这个阶段需要进一步拓宽对一致性和多样性的体验。

一致性是指在欣赏多样性的同时，通过与相同境遇的孩子交流，分享各自的困扰与挑战，从而形成一种归属感。在多元化的社会中，作为少数群体，我们会有明显的种族歧视经历。进一步来说，如果能遇见有相似经历的导师，对孩子的成长会有巨大帮助。通过这样的一致性体验，孩子们能在成长过程中更好地认知自我、发掘个人优势和潜能。因此，在初中阶段，家长应给予适宜的支持，帮助孩子找到自我、了解自我，这比其他任何事情都更为重要。

与共享社区的归属感相平行的是引导孩子去接触并理解不同的文化和种族，这是极其关键的一环。当孩子回到家中与父母分享学校或朋友的经历时，父母偶尔会提出这样的问题，如“那个孩子住在哪里？他父母是干什么的？”这些问题可能会在无意中带来偏见和歧视。父母无心的言论可能无意间影响孩子的观念。如今，世界已经发生了改变。仅仅自己的孩子成功，并不意味着真正的成功。**我们生活在多元化的世界里，需要与来自不同文化背景、拥有不同经历的人建立友谊。恐怕也只有在美国，我们的家庭才有机会接触许多不同背景和种族的人。因此，孩子们得以在无须环游全球的情况下，体验到多元文化，享有一个充满世界多样性的学习环境。**

如果父母能够放下先入为主的偏见，孩子们就能够学习并接纳世界的多样性，从而拓展他们的眼界。此外，为了摆脱对亚裔“只会读书但没有社交能力”的偏见，我们教孩子们与不同背景的人相处和沟通，教给她们使用正确的礼仪和适当的情感表达方式。随着对一致性的深入理解和对世界多样性的体验增多，孩子们的视野会不断拓宽，对这个新世界的期待也将更加热烈。为了在进入高中之前激发好奇心，接受更多挑战，我们需要为孩子们提供一个感知世界的基础。

翻山越岭，度过青春期的智慧

青春期是助力成长的契机

孩子从小学升入初中时，父母会面对一个很大的问题——孩子的青春期。很多父母看到孩子与以往完全不同的样子，都会感到不知所措。**我们家三个孩子的青春期表现不尽相同，她们对自己的经历也有各自的见解。**

当我们举家搬到大城市的时候，恰逢惠敏步入青春期。新的环境和生理上的变化相互作用，使她对这段经历记忆深刻。尽管我对大女儿惠敏比其他孩子更加严格，但她在各个方面依然表现得非常优秀，从未令我们失望，一直是一个诚实可靠的孩子。因此，自从她进入中学以来，我没有再惩罚或批评过她。相反，我开始将她看作是一个成年人，尊重她的独立性。这也是我们在她成为初中生时做出的改善亲子关系的努力。

惠敏进入中学后，相比之前，她开始更加注重自己的形象，除了同性朋友，也对异性朋友表现出兴趣。然而，她无法忍受男孩们经常用相貌来评判或嘲笑女孩子的行为。之前我们家在肯塔基州乡村生活时，没有遇到过这种人，每次听到“你是女孩所以做不到那个”“女孩子应该安静”等类似的话，惠敏都抑制不住自己的愤怒。与小学时相比，惠敏进入青春期后，经历了许多身体和情感上的变化，变得更加敏感。这些青春期的变化和经历让她早早地开始思考自己作为女性的身份和能力，并且下定决心要为此努力，勇敢地面对挑战。

不能因为孩子正处于青春期而纵容

二女儿惠恩是个细腻而敏感的孩子，从小就展现出创造性和独立的特点。在青春期阶段，她的情感波动最大，经常与我们“正面交锋”。她拥有家中老二的各种特质，比如，要求我们像成年人一样对待她；总是依据自己的思考和判断做决定；从不接受我们的想法和意见。但是，我们并不纵容她自私的情感和缺乏客观依据的固执想法。

惠恩是个典型的“夜猫子”，总是晚上睡得晚，白天起不来，早晨会有起床气，在上学路上也经常闹情绪。我曾经把这种表现看作是青春期少女的一种叛逆，曾经苦恼过是否应该容忍她的行为。但当她的情绪开始影响到全家人的心情时，我果断地决定那段时间不让她上学了。“与其这样，你还不如待在家里。不要去上学了！”曾经，我甚至掉头回家。这对惠恩来说是相当严厉的处罚，因为她比谁都喜欢学校生活。

周围的人听到这个故事时，对我的做法感到有些诧异，也有人担心不去上课会影响学习成绩。但是，孩子的人生与学习相比哪个更加重要，答案显而易见。惠恩是喜欢上学的孩子，通过这样的方式可以让她改掉无缘无故闹情绪、破坏他人心情的行为。为了让孩子平稳地度过青春期，父母一味妥协并不是良策。不能因为孩子正处于青春期就纵容他们的行为。因为孩子正处在青春期，所以父母就必须无条件忍让，这绝对不是一个好的选择。

结合孩子的特点对症下药

青春期是孩子自我选择和形成价值观的时期，因此可能会出现孩子与父母价值观的冲突。如果孩子看到父母有不诚实或违背自己承诺的行为，就会变得叛逆。因此，父母要努力做一个优秀的榜样，这将有助于减少家庭冲突。

父母和孩子之间建立起彼此信任、亲密的关系，是解决孩子青春期叛逆的唯一途径。对于像惠恩这样独立的孩子来说，与其逼她和父母交流，倒不如少说点儿话，与孩子保持一定的距离。再者，比起父母直接介入孩子的生活，寻找合适的导师也是一种方法。惠恩在完成七年级的学业后，参加夏令营时遇到了一位年轻的咨询师，得到了很多建议，让她得以更好地成长。其实，在青少年时期遇到合适的导师，可能会给孩子带来比父母更好的影响。

在经历了三个孩子的青春期之后，我意识到每个孩子的个性都

是不同的，这是父母不能忽视的事情。我明白每个孩子的成长速度以及形成的价值观也是不同的。正因为如此不同，所以家长们的应对方式也应该不同。即使我们已经预见了最终结果，与其强烈地反对，不如让孩子们亲身去体验，自行领悟。哪怕结果不如意，也可以让孩子们学会从哪里跌倒就从哪里站起来。我们应该给孩子们选择的权利，让她们独立思考如何找到最好的方法，才能得到自己想要的结果。

有些父母在孩子还是小学生时会给她们自由，但青春期后，由于担心孩子误入歧途，态度会 180 度转变，变得严厉起来。这样的做法，最终只会让父母和孩子都陷入困惑之中。无论面对多么艰难的问题，保持冷静又不失幽默，是非常重要的。父母要成为孩子的指路明灯，就必须时刻保持爱和宽容，让孩子在青春期也能够感受到家长的支持和爱。这样，孩子才能在成长的道路上走得更加稳健，不至于迷失方向。

点燃孩子热情和梦想的五种方法

挖掘孩子潜力的方法

当遇到那些内心充满热情和梦想的小巨人时，我总会感到十分振奋，也很好奇，这些孩子们究竟是如何发掘内在的动力，让自己闪耀夺目的呢？作为家长，我们应该如何启发和促进孩子们的成长呢？

家长们总是对孩子有不同的期望和担忧。我曾听到许多家长抱怨：“真希望我家的孩子有挑战精神”“希望孩子变得更积极主动”。其实，所有的父母都希望孩子能够充满激情，勇敢追求梦想，成为有潜力的巨人。我们应该不局限于学习成绩和升学这些表面问题，而是给予孩子全方位的关注和支持，这样才能激发孩子内在的动力，让他们自信地追逐梦想。

作为父母，我们不应该以学习与成绩去激发孩子内在的动力，而是要让她们因为热爱而自然产生热情，所以要给孩子提供这样的机会。那么，应该怎样做呢？

我们可以通过以下五种方法来激发孩子们的动力。

1. 提升孩子的自尊心

只要孩子充满自信，无论做什么事情，都会表现出积极的态度和极大的热情。比如，我家的三个孩子就有一个共同点，那就是她们都高度自信，相信自己可以胜任任何事情。实际上，如果孩子在各方面都表现出缺乏自信，那么提高自尊心就变得尤为重要。而最有效的一个方法，就是告诉孩子：她们是世界上独一无二的人，无可替代，是值得被爱的。

小女儿惠星上七年级时，因尾骨受伤，医生建议她暂停剧烈运动，静养几个月。于是，惠星向体育课老师提交了医生的意见书，希望暂不参加体育课。一开始，体育老师欣然接受了这一意见。然而，事实上老师好像对她有所怀疑，认为惠星只是找了个借口不去上体育课，是个偷懒的学生。面对老师的怀疑，惠星感到非常难过。

几个月后，惠星完全康复并重新参加了体育课。当时正赶上长跑课，她的成绩不尽如人意。为了消除老师的误解，惠星不仅每堂课都努力参与，而且为了弥补之前没能上课的遗憾，还向爸爸学习了跑步技巧。经过不断的努力，惠星最终以自己的真诚和勤奋，取得了全年级第二名的好成绩，打动了老师的心，老师也从心底喜欢她了。正是因为惠星对自己充满信心、相信自己可以胜任任何事情，所以即使遇到挫折，她也能够自我激励、勇往直前，最终收获成功。

2. 在失败中成长

中学时的惠恩热爱写作，但很难客观地认识自己，毕竟她的年龄会让她认为：判断是否喜欢一件事，就是看它有没有趣。

某天，惠恩满脸沮丧地回到家。细问才得知，学校图书馆举办了一次写作比赛，而她的文章不仅没有入选，甚至所有参赛者的文集中都没有她的文章和名字。她说自己特别重视这次比赛，付出了很多心血和努力，但最终的结果却让她大失所望。后来，不甘心的她鼓起勇气去问图书馆管理员老师，老师回答说惠恩提交的是已经出版过的文章，属于抄袭，他们取消了惠恩的参赛资格。无论惠恩如何解释，那位老师都不相信她。

我先是安慰了受伤的女儿，并与她商量接下来该如何做才能更好。一段时间后，她的心情似乎有所好转。

"妈妈，我写的文章被人看作是已经出版过的，那不就意味着我其实是一个写作天才吗？"惠恩认为自己的写作能力非常出色，并为此感到骄傲。尽管这件事有点儿冤枉，但换个角度来看，也证明了她确实在写作方面有天赋。后来，那些对她写作能力的称赞似乎也更加具有说服力了，她也更相信自己的能力。失败的经历帮助她成长，也成为继续前进的动力。就这样，惠恩在写作方面开始变得更加自信起来，并且更加努力地创作新文章。

3. 激发孩子的热情

从五岁开始，惠敏就开始学习钢琴了。当然，一开始并不是因为她自己想要学习，而是出于我的愿望，所以我需要时常监督她，有时甚至强迫她坐在钢琴前练习。但进入中学后，她的学习态度发生了变化，钢琴老师说那是因为惠敏开始感受到音乐的美妙了。当时，惠敏特别喜欢老师介绍的那些优美、动听的曲子。为了演奏那些曲子，不畏惧学习一些高难度的演奏技巧，因为她开始享受弹钢琴的乐趣了，这种乐趣转化成了学习钢琴的动力。

还有一次，惠星在学校举办的科学竞赛中，获得了一只小鸡作为奖品。她为了给小鸡打造一个温暖的生活空间，甚至把家里的一间浴室让给了那只小家伙。惠星非常喜欢这只小鸡，甚至闻不到养鸡产生的那股刺鼻的气味。曾有一段时间，我们在外面建了一个鸡舍，解决了鸡粪臭味的问题，但小鸡的数量不断快速增长，我们全家不得不忍受小鸡所带来的难闻气味和噪音。对生命的关爱让惠星更加认识到自己喜欢什么。对于她来说，这种喜欢和感受的乐趣，让她充满了激情与动力。

4. 激发责任感

对于惠敏来说，她肩负着“老大”“大女儿”这两个词所包含的责任。虽然这并非她本人的意愿，但我们从小就告诉她只有以身作则，才能带动妹妹们做得更好。如果我们忙不过来，就需要她去照顾两个妹妹。实际上，我好像也在不知不觉中依赖着大女儿。

惠敏上五年级的时候，发生了这样一件事情。有一天，她看到一则关于申领“育婴员证书”的消息，于是赶紧报名参加了培训。她认为，接受培训并取得证书，可以更好地照顾妹妹们。自此，家人们都认为她是一位有资质、被认证的姐姐，这激发了她的责任心。无论在哪里，她都表现出良好的行为，成为大家的榜样。这种责任感成为推动她向前发展的动力，而妹妹们也没有辜负姐姐的努力，她们把惠敏视为榜样，同样茁壮成长。虽然责任感有时会成为负担，但从积极的角度来看，它也可以成为很好的动力来源。

5. 身边的榜样

还记得惠星刚刚进入初中后参加的校园开放日（Open House）活动，那天她非常兴奋。开放日是正式开学前举办的最大活动，主要是为了帮助家长了解学生在校的学习、生活、成长等情况。在开放日，每个科目的老师都会介绍自己在课堂上教授的内容、进行的活动等等。当我们进入英语和历史课教室时，老师介绍了学习内容和重点，并向我们展示一篇样文，文章作者的名字我们再熟悉不过了——正是惠敏。即使惠敏已经从中学毕业，过去了 10 年，但她的文章仍然被列为范文，这让人既惊讶又高兴。老师也认出了我们，非常高兴。实际上，最震惊的却是惠星。每天都朝夕相处，她眼中那么普通的姐姐竟然如此优秀，惠星不由得对姐姐产生了敬意，引以为傲。像这样的身边榜样可以激发孩子的动力。

通过身边的榜样激发孩子的动力，学校的老师也是一个不错的选择。惠敏说自己在其他科目上学得都很轻松，只有数学需要付出更多努力才行。读八年级时，数学老师的一句话激发了她对数学的自信。老师称赞她的数学成绩优秀，并建议她在上高中后选择具有难度的数学课程（在美国，即使是同一年级的学生，也可以根据选择不同难度的课程）。女儿说，正是老师的鼓励让她克服了对数学的恐惧和担忧。

正如前面介绍的那些例子一样，像这样的榜样实际上就在我们身边。与其去寻找那些不在我们视线范围内的，看不见、摸不到的成功人士，不如去发现一下身边的榜样。

我们的教会成立已有 14 年，以活跃的青少年活动在当地声名远扬。我们夫妇从教会创立之初就把发展重点放在为社区提供教育上，因此培养了很多人才。虽然我们家三个孩子的故事广为人知，但同时也有很多其他孩子也进入了知名学府学习深造。我们的教会规模不是很大，历史也不是很悠久，但能取得这些成就的原因是什么呢？最大的原因可能就是我们的孩子们很容易在身边找到榜样。他们打心底里认为："每天和我们一起吃饭、做礼拜、玩耍的学长、学姐们都考进了名牌大学，那我也可以去！"

是的，当我们近距离接触到已实现目标的人时，也会在潜移默化中获得向前发展的动力。同时，我们也会逐渐获得自信，认为自己也能实现目标。随着我们接触到更多的榜样并持续得到刺激，会逐渐产生想要模仿对方的愿望，形成一个良性循环。如果我们是父母，就应该仔细观察孩子周围的环境，找出对孩子有积极挑战的元素，发现孩子的榜样在哪里。我们应该记住，孩子的榜样远在天边，近在眼前。

去认识世界，不做坐井观天的小青蛙

世界有许多不同的精彩

当孩子进入中学时，除了关注学校课程外，有些家长也很重视让孩子提前学习高年级课程。即便孩子还处在小升初的阶段，并不是真正意义上的中学生，但家长们总是急切地开始考虑为孩子提前安排，不希望孩子输在起跑线上。

曾经有一位家长拿着孩子的天才测试结果来找我，测试结果证明她家孩子是个天才，于是她想问问我当前阶段应该做些什么，比如是否应该搬到学区房居住，是否应该为孩子安排更专业的编程、竞赛等学术活动。她认为，在学校完成的是基本学习任务，而其他的技能学习要通过课外的专业性学习来补充。

课外活动一般是指在课后或周末进行的与学校正式课程无关的额外活动。既然和学习无关，我们是否有必要让孩子去上辅导班呢？其实并不需要，而且还可以避免花费大量金钱。课外活动可以分为校内和校外两种类型，没有必要只选择其中一种，并且也不一定需要老师的陪伴。**虽然这些活动不能算作学业的一部分，但是这个过程可以培养孩子的主观能动性，帮助其成长。中学阶段对于孩子来说也是可以尽情体验各种活动的时期。**

我们家有三个孩子，他们在中学阶段参加的课外活动都是很普通、大众化的。在学校里，他们参加的无非是音乐会、图书馆主办的读书会、领导力养成等活动。小女儿惠星上中学的时候，正好赶上美国教育热潮，因此有更多机会参加校内的各种活动。当时甚至还有“五项全能（Pentathlon）”俱乐部，可参加文学、数学、艺术、科学、社会领域的比赛。在校外，我们的孩子们参加的是社区提供的免费课程，如钢琴、小提琴、美术等。一旦开始某项活动，我们就会给予大力支持，让她们可以做到极致。因此，女儿们没有太多其他选择。当然，在某些事情上，她们会因为自己的兴趣而坚持下去。但也有一些事情最后也因为始终不得要领，不得不放弃，这也是很自然的事情。

志愿者工作也会成为孩子优秀的履历

如果说我们的孩子与其他孩子有什么不同的话，那就是她们很早就开始做社会志愿服务了。这个活动是我们教会定期进行的，所以孩子们也必须参加。

有一次，惠星成了社区青少年合唱团的成员。其实，她并没有令人惊叹的歌唱才华，但为了帮助教会开展工作，她从七年级开始参加合唱团活动，一直坚持到十二年级毕业。慢慢地我们发现，她在唱功上有了惊人的进步。这么长时间以来，我始终没能察觉出她的不情愿，这突然让我感到有些内疚。某天，我送她去排练的路上小心翼翼地问道："今天可能会提早结束。就算很累，也坚持下去，好不好？"但听到的回答却完全出乎意料："没问题啦，妈妈。我现在很喜欢唱歌，也觉得唱和声很有趣呢。"通过学习和练习，惠星前后的心态竟然有如此大的转变，这让我感到十分欣慰。

有一天，惠星拿回家一个漂亮的发夹，说是朋友亲手制作的礼物。听女儿说，那个学生做出来的东西很受同龄人的欢迎，甚至还拿到学校出售，据说卖得也不错。让我感到震撼的是，这个学生竟然能够这么主动地参与自己感兴趣的课外活动。我希望惠星也能从朋友身上得到启发，于是建议她认真思考一下自己想做什么样的事情。哪怕单纯是为了好玩，我也鼓励她可以多做一些尝试。最终，惠星将写艺术字作为自己的兴趣爱好。我觉得这件事情很适合她，因为她的动手能力很不错。但有一个大问题，我们找不到一位合适的老师。不过，父母的作用不就是要为孩子铺路吗？功夫不负有心人，最终我们不仅找到了合适的老师，还找到了另外一个想要一起学习的韩国学生。

在接下来的十个星期里，惠星非常开心地学习了如何写出漂亮的艺术字。她掌握了基本技巧，并通过观看视频学到了各种不同风格的字体。此外，她还参加了暑期的特别课程，并学到了许多新技能。一个中学生跟着一群阿姨在课堂里一起学习美术字，这在美国恐怕并不多见。惠星甚至还成了全美书法协会最年轻的会员之一。

拥有与众不同的部分，会成为自己的重要财富。这种独特性能使孩子成为一个与众不同、更多元化的人。十二年级的惠星，向哈佛大学提前递交入学申请时，额外提交了一份自己学习艺术字的录像。在向哈佛大学递交申请的众多学生中，没有几个人有这样小众的兴趣。也许惠星是唯一一个。

另外，惠星在孤独症儿童农场担任义工时，充分发挥了她对动物的热爱之情。这对于惠星来说是一件非常愉快的事情，因为她有机会在公益活动中贡献自己的力量。从打扫马粪开始，她就不介意难闻的气味，坚持做了七年。实际上，只要孩子能够主动参与一些活动，那么所做的一切都将为自己未来做好铺垫，并且也会得到大家的认可。

培养自由奔放、有创造力的孩子

让蜜罐儿里的孩子吃吃苦

通过我们家三个孩子参与的课外活动，可以看出她们在积累社会经验方面比其他孩子更加出色。那么，哪种活动对孩子的成长最有帮助呢？答案是孩子自主参与的活动，而不是被父母强制要求的。孩子在主动参与活动的过程中，不仅能够收获成长，最终的结果也会非常出色。对于中学阶段的孩子来说，这是挖掘自身潜力、积累经验和成为巨人的重要时期。如果孩子喜欢并且在活动中找到了意义，那么这一点就足以证明潜力。如果孩子在象牙塔里具备了自由创造的能力，那么即使走出象牙塔，走入大千世界，也能成为具有创造力的人才。在这个过程中，设定目标变得尤为重要。当我去参加韩美关系议会（支持韩国移民家庭的非营利组织）举办的“联邦议会奖研讨会”时，深刻认识到了自主设定目标的重要性。

当时，韩美关系议会正在通过“联邦议会奖”帮助辖区里的青少年健康成长。在这个研讨会上，一名学生说，他之前身体虚弱，也不喜欢体育活动，但正是通过参加联邦议会的挑战活动，让他告别了过去，成了更好的自己。他不仅培养了各种兴趣爱好，还开始打网球。这一切让他获得了自信，也拥有了广泛的社交能力，甚至改善了他的健康状况。

那个学生如是说道："我经历了无限的可能性，有了自信，只要制定目标并为之努力，什么都可以做到。"

在前文中，我有提到过惠星也参加过"联邦议会奖"的挑战，这是一个针对 13 岁到 23 岁青少年的多种挑战项目。该活动始于 1979 年，对美国青少年的成长产生了积极的影响。活动项目涉及社区服务、个人发展、身体锻炼和自主探索四个领域。主办方只提供了基本框架，所有具体的活动都必须由参与者自己决定，并设置符合自己条件的目标。此外，参与者还必须撰写一篇论文，介绍自己的活动计划、预期效果，以及自己会获得怎样的收获。每个领域必须持续 24 个月以上才能获得金牌，每年大约有 5 万人参加挑战，但只有约 450 人能获得金牌，成功率不到 1%。

我认为这项活动非常适合那些在舒适环境中成长的孩子参加。比如我的小女儿惠星，她是家里最年幼的孩子，总是有人照顾，没什么烦恼，而且性格也比较被动，不像姐姐们那样走在前面。因此，我确定让惠星参加这个挑战是正确的决定。我也相信，如果孩子从小开始接触这类挑战，他们对集体活动的贡献也会更大。

许多孩子在初中时就开始参加各种补习班的活动，但在没有计划和目标的情况下，他们往往会觉得浪费了太多时间。然而，通过挑战这个项目，孩子不仅可以制定符合自己兴趣和目标的计划，还可以在实现目标的同时思考自己真正感兴趣的领域，这是一件非常有意义的事情。

挑战和成绩，助力孩子成长

在决定挑战“联邦会议奖”后，需要完成400小时的志愿服务。为了能够坚持到最后，惠星考虑到自己的特长，选择了一些项目，如去韩国语学校做助教、在农场做义工、继续学习书法课程等。对于要完成的自我发展计划（200小时），她打算学习编程技术。同时，为了完成身体锻炼计划（200小时），她开始练习瑜伽和高尔夫球。最后一个待完成的探索任务从设定目标开始就非常具有挑战性，特别是执行阶段需要最大限度地发挥自己的创造性，需要离开熟悉的环境去探索陌生的地方并获得新的体验。因此，经过多方面思考后，惠星确定了她的目标：“乘坐公共交通工具探索洛杉矶”，最终成功地完成了探索任务。

在参加“联邦会议奖”挑战的几年间，惠星真正地成长了很多，当然，她也经历过失败，有时要根据实际需要临时修改计划；有时候因为无法正确确认结果而不得不重新开始……但无论如何，最终她还是顺利地完成了所有的活动。看着整理好的资料，她感到非常有成就感。几个月后，我们就收到了获得金牌的喜讯，真的特别令人高兴！

除了金牌之外，我们还收到了一本书，里面记录了442名获奖者的活动概况，有的孩子骑行了 950 公里；有的孩子在加利福尼亚州露营旅行；有的孩子去加拿大划皮划艇探险；还有孩子前往喜马拉雅山……他们每个人都有自己不同的目标和计划。看着这本充满创造与奇迹的书，我认为这些孩子找到了真正的自由，他们不仅享受了真正由自己带来的乐趣，也成了具有创造性的人才。

让父母和孩子都满意的假期时光

给学习按下“暂停键”

每当孩子们完成紧张的学习任务，总会期待假期的到来，并为此兴奋不已。没有一个孩子愿意把暑假花在学习上，但父母可能会因为担心孩子过于放松而感到焦虑。如果父母与孩子对于假期的看法存在很大差异，难免会产生冲突。特别是对于初中生来说，暑假是一个弥补不足、为升入高中做准备的绝佳时机。父母期望孩子在暑假中得到更好的成长和发展，这并没有错。然而，如果将假期视为学习的延续，固执地让孩子填满时间表，那么在进入高中之前，孩子们会因为压力过大而感到疲惫不堪。

每到暑假，我总会考虑这些问题：如何让孩子在假期过得更有意义？什么能让孩子们更期待假期的到来？事实上，对于那些被限制在教室里只能进行机械学习的孩子们来说，暑假可以是突破日常生活的契机，跳出条条框框的限制，在全新的环境中发现自己，激发对未知世界的好奇心。相反，一味地强制孩子进行枯燥无味的学习，无法激发她们内心的热情和想象力。一个高质量的假期活动可以为孩子提供动力，让她们更积极主动地学习。

如果让孩子从初中开始就能够挣脱束缚，走到户外，自由探索，那么她们将会成长为充满干劲与自信的孩子。这样的活动不仅可以帮助中学生发现自己的兴趣，还可以在各种自己感兴趣的活动中培养探索精神和自我意识，自然地过渡到高中生活中。如果没有在初中时进行这样的训练，成为高中生后就很难主动地参加假期活动了。

通常人们认为给孩子提供特别的经历需要花费大量的金钱，但这其实是一个错误的看法。事实上，对于青少年来说，经历是否特别并不在于花了多少钱。除了学习以外的其他活动都可能成为一次全新的经历。

为孩子创造离家的机会

让孩子离开家和父母，独立解决生活中的问题，这样的经历足以激发他们的动力，并且为之兴奋不已。我依然记得三个女儿第一次离家去参加夏令营时的背影，她们完全没有注意到我有多么担心。

惠敏小学毕业就参加了一个青少年研讨会，吸引了数百名与会者。作为最年轻的参会者之一，这也是她第一次离家独自生活。当被问及那段经历时，惠敏回答："没有父母陪伴的感觉很特别，同时也让我兴奋。和比我年长的哥哥姐姐们一起参加各种形式的讲座、小组讨论之类的活动，都非常有趣。”据说在研讨会的最后一天，所有参会学生都聆听了惠敏这个最年轻的参会者的演讲。这些经历让孩子们热血沸腾，也预示着他们未来的职业发展方向。

二女儿惠恩和小女儿惠星也在小学毕业后离家，首次体验了一个人的生活。这些经历一直延续到高中和大学期间。随着她们逐渐成长，远离家乡去探索其他国家的新鲜事物，早早地让孩子们置身于各种不同的环境中对于成长非常重要。孩子们通过不断更新自己的经历，充满热情地期待着每一个夏天和未来的新鲜事物。

美国各地的大学每年都会面向中学生和高中生开展夏令营活动，参加者可以申请奖学金，所需费用也会根据学生的家庭收入情况有所减免，可以算得上是零负担了。从“SAPESS（Summer Academic Program for Elementary School Students，夏季小学生学术计划）”到“SAEP（Summer Academic Enrichment Program，夏季学术丰富计划）”，我家的孩子们参加了多种不同项目的夏令营，从中获益匪浅。这些夏令营的目的在于促进孩子们塑造人格，提升创造力，激发勇气。要想从一开始就了解孩子喜欢什么，对哪些领域感兴趣是很难的。因此，参加夏令营提供的各种活动可以帮助孩子更好地了解自己的兴趣爱好。当孩子完成选择的项目后，他们也会深入了解自己的兴趣点，知道什么事物单调乏味，希望更深入地学习哪些技能。在中学阶段参加这些活动，有助于孩子们看清前路，在高中阶段不再彷徨，知道自己未来要走的方向是什么。

惠星就读的中学开设了面向天才儿童的教育项目，她顺理成章地申请了由美国约翰斯·霍普金斯大学运营的天才儿童中心的教育项目，并且连续多个暑假都参加了这个夏令营。在六年级结束后的暑假期间，惠星通过夏令营学习了如何进行科学侦察。在模拟的犯罪现场中，她可以分析指纹和血样，还可以进行 DNA 检测。这个特别的经历使惠星对科学，尤其是生物领域产生了极大的兴趣。在完成八年级学业后的那个暑假，惠星学习了有关人类疾病的知识，并进行了多种实验。其中最难忘的是豚鼠解剖实验，她在开始解剖过程时感到非常紧张。虽然通常男生都会首先上前，但是同组的男生们都退缩了，最终只有她勇敢地拿起了手术刀。她没有对解剖感到厌恶，反而觉得有趣，这让她重新确认了自己对生物学领域是充满兴趣的。

假期活动能够让孩子们主动地去探索世界，这种效果远比父母直接介入来得更加显著。我的孩子们不仅敢于勇敢地接受新体验，而且会提前做好必要的学习和相关规划。中学时期的假期活动有助于孩子们认识自己，挖掘自己的潜力，为高中的学习与生活打下坚实的基础。

学习、成长与奉献

在美国佐治亚州、得克萨斯州、新英格兰地区和南加州，有一个名为 C5 的青少年项目。这个项目由教师推荐具有发展潜力的学生，然后通过选拔，授予奖学金，培养学生领导力。我的二女儿，在六年级时由任课老师推荐申请了这一计划，经过复杂的选拔程序，最终被选为该计划的一员，享受为期五年的奖学金，一直持续到高中毕业。

该项目集教育和投资于一体，旨在为低收入家庭中具备潜力的孩子提供一份“大礼包”，让这些孩子在青少年时期有机会学习和体验所有必要的知识。在为期五年的项目中，辅导员和导师会不断鼓励、指导学生建立积极的心态，告诉孩子们“你们是领袖，是特别的人”。该项目最显著的一大成就是大部分被选中的年轻人都成功进入了大学。在韩国这个教育竞争激烈的国家，进入大学可能看起来并没什么特别，但在洛杉矶这个有许多低收入家庭的聚居地，许多家庭里很少有人能够进入大学，“第一代大学生（The First Generation）”的说法也是由此而来的。在这种环境中成长的孩子，由于缺乏有关大学入学的信息或意识，即使在学习上表现出色，也常常未经尝试就放弃了。因此，该计划旨在帮助这些年轻人成为社区的领袖，防止类似的情况出现。

假期时，他们会离开家前往怀俄明州的露营地，并在那里住上一个月。城市中长大的孩子们，在这里体验到了学校里无法接触到的新世界。骑马、射箭、攀岩、漂流等富有活力和挑战性的活动让孩子们的心跳加速，他们充满自信地认为自己可以做任何事情。除此之外，他们还获得了与考取大学相关的信息，甚至还可以得到具体指导。他们参观了加利福尼亚州的著名大学，吃住都在大学宿舍里，接受专业的规划咨询，为自己种下了梦想的种子。

这些丰富多样的项目会为每个孩子投入 1 万到 2 万美元，在这种善意的支持下成长起来的孩子们会在潜移默化的影响中更愿意为当地社区服务。二女儿惠恩就是因为自己曾在那个过程中受益匪浅，便总是积极地向其他人宣传这个项目。

惠恩的 C5 宣传对象中也包括了妹妹惠星。当参加完夏令营后，惠恩分享的经历足以打动妹妹的心。于是，惠星也下定决心要去参加 C5 计划。不过想要参加 C5，还需要做出一个重大的决定。

惠星所就读的小学是一所开展英才教育项目的学校。该校毕业生大多去了开展英才教育项目的初中，但如果选择了这种学校，就不能申请参加 C5 项目。如果想和好朋友们一起上同一所初中，就必须放弃 C5 项目；而如果选择了 C5 项目，就只能选择那些贫困或移民多、环境稍差的初中。最终，我将选择权交给了惠星。经过反复思考，她最终选择了 C5 项目。正如预料，惠星的朋友们对她的选择感到遗憾，更没有人和她做出同样选择。

选择了 C5 项目的惠星为获得老师们的推荐，在学校生活中非常认真。除了努力学习之外，也努力在生活中做到最好，从不怕吃苦受累。最终，惠星的努力和真心获得了回报，成功追随姐姐的脚步参加了 C5 项目。

像惠恩和惠星一样低收入家庭的学生通过 C5 计划接受教育，被哈佛大学录取的消息震惊了许多人，一度成为热门话题。有一位富翁听到这个消息后，表现出了极大的关注，希望能帮助惠星解决在筹措学费、前往波士顿的费用等财务问题上遇到的困境。在得知这个消息后，惠星和 C5 计划的官方代表一起谈论发现——即使已经考上大学，仍有许多学生陷入经济困境。于是，那位热心人将关注点从惠星个人身上转移到了整个 C5 计划上，他决定捐赠 500 万美元（约 50 亿韩元）用于 C5 计划。由于这次捐款，与惠星一起毕业的学生们获得了4000美元至20000美元不等的奖学金。这是以前从未有过的。惠星已经通过家庭收入的财政援助获得了学费支持，因此她将这次获得的奖学金用在了前往波士顿的费用上。

惠恩和惠星的不懈努力结下了好果实，她们中的一个向更多人分享自己所获得的福利，另一个则决定慷慨分享自己所得到的机会。这些孩子们通过C5计划得到了成长，通过奉献又回馈给了社会和他人，成为社区里的“巨人”。

第五部分

培养改变世界的领导者：高中阶段

大女儿惠敏的故事：披荆斩棘，自力更生的孩子

为了梦想，制定缜密的计划

古人云：“授人以鱼，三餐之需；授人以渔，终生之用。”**当惠敏还很小的时候，我就教她如何“捕鱼”，常常和她一起思考很多问题：“我”是什么样的人，如何找到自己的梦想，为了梦想应该做什么……当惠敏成为高中生时，她只需要掌握“捕鱼”的方法，就能将“鱼”变成自己的财富了。**

惠敏进入高中后，为了充分发挥自己的潜力，开始制定具体的计划并行动。她希望进入大学攻读国际政治学专业，将来能够加入联合国等国际组织，在那些经历过冲突的地区工作。为了实现这些目标，需要制定比初中时期更加缜密的计划。那时的我对美国文化并不熟悉，再加上忙于教会工作的同时，还在准备大学入学考试。因此，我无法为她提供有关大学入学相关信息和考取技巧的帮助。

惠敏自己也意识到，她很难得到我的帮助。

为了更好地实现自己的梦想和目标，惠敏的第一个任务是选择就读的高中。她列出了可供选择的学校名单后，首先查看了各所学校的官方网站以获取相关信息。其次，我也尽可能带她参加学校的宣传活动，听取学校工作人员的介绍，并向他们咨询一些自己感兴趣的内容。在前期调查完成后，惠敏提出了希望进入克利夫兰高中的想法，因为该校开设了人文与艺术类相关课程。惠敏的分析表明她并不是一个盲目跟风的孩子，虽然她还有其他选择，但我没有理由反对她的意见。

然而，当我向身边的其他家长打听那所学校时，听到的都是一些负面的评价，比如："老师们太过自由散漫""哲学课可能会对孩子的宗教信仰产生不良影响""课程难度过高，很难拿到好成绩"等等。尽管如此，我却认为老师能畅所欲言也反映学术自由得到了保障。如果说学校的哲学课可能影响到孩子的信仰，那么孩子能在离开家去大学之前，在父母身边经历一些这样的考验，或许未必是一件坏事。同时，我不认为通过提前预测课程难度来判断是否放弃学习一门课程是正确的。我相信，孩子自己调查获得的"一手资料"比起传闻更具有说服力。因此，我们欣然接受了惠敏要去读克利夫兰高中的选择。直到后来我们才意识到，这个决定的的确确改变了惠敏的人生。

选择哪所高中可能是影响升入哪所大学较重要的决定之一。作为父母，我们必须非常慎重地为孩子选择一个适合他们的学校。为此，首先需要了解孩子的性格和兴趣。

自我管理，无人替代

惠敏为了进入理想的大学，非常努力学习，并且一直以来都遵循着老师们的指导，成绩也很出色。除了在学业上取得了优异的成绩，她还有着非常丰富的高中生活，业余时间中也充满了乐趣。在校内，她积极参加了辩论俱乐部、学生会、校报社、亚洲俱乐部等各种活动，而且在校外更是参加了管弦乐队、教堂青年活动、流浪儿童指导等志愿者活动。在旁人眼里，这些活动就够有得忙了，但惠敏还顺利地考取了驾照，开车接送妹妹上下学。此外，她还在跆拳道馆找到了一份兼职，每周去那儿给小学生们上两次课，赚取自己的零用钱。

神奇的是，即使大女儿每天都有如此多的活动，但她仍然能够在每晚 10 点至 10 点半左右准时入睡。我问她是如何做到的，她说自己在初中时就学会了如何将有限的时间进行合理的安排，高效地利用起来。换句话说，她已经领悟了自我管理的精髓，是一个驾驭时间的高手。

以下是惠敏的时间管理技巧，这帮助她成功实现了自己的目标。

✧ 重要的日程应当被明确地标出来（比如考试、课题的截止日期、各学科的作业等）。

✧ 以重要的安排为核心制定时间计划（例如，如果英语期中考试在第 5 天举行的话，则第 4 天要进行全面复习和模拟考试，在第 3 天要复习第 8~10 章节，在第 2 天要复习第 7~9 章节，以此类推。以适当的方式进行合理的复习时间分配）。

✧ 快速掌握考试范围后，进行有效复习。如果有其他必要活动，必须进行置换调整（如，在练琴的当天减少学习量，则可以在前一天增加学习量）。

✧ 临时抱佛脚，突击复习是不可取的（即使是现在，惠敏依然坚持着这个原则）。

✧ 每天必须严格按照日程安排行动。

✧ 即使发生突发事件，也必须遵守既定时间计划（即使家长或朋友提出了其他活动，如果不能完成既定的任务，那就果断地放弃）。

惠敏在读初中时便开始调研自己感兴趣的专业，并找到了心仪的大学。当时，她并没有考虑申请哈佛大学，而是将目光放在了乔治城大学、威廉姆斯学院、阿默斯特学院和斯瓦斯莫尔学院上，但她万万没想到这些大学的录取率竟然不足 10%，比预期要低很多。尽管如此，这些初步的调研让她能够更清晰地了解大学录取率的实际情况。进入高中后，她进一步了解了学长、学姐们就读大学的情况，意识到私立大学数量相对较少，入学门槛也相对较高。最终，通过在克利夫兰高中六年的努力，惠敏才成功进入哈佛大学。因此，孩子越早了解实际情况，就越能提前制定详细的求学计划，并付诸行动。

像惠敏这样在公立学校就读的孩子，每学期都需要定期与辅导员进行沟通，也可以随时申请。无论是优秀的学习成绩、良好的口碑，还是在业余生活中出色的表现，每次与惠敏交流后，辅导员都对她的表现给予了肯定，并认为她已经掌握了基本技能。然而，惠敏对这样的评价略显怀疑，甚至总是怀疑自己所做的一切是否足够优秀。她知道前辈们进入私立大学的比例并不高，名校的录取率也很低，总认为自己必须在许多方面要继续提升。公立学校的升学指导老师需要负责很多学生，并且只能提供基本的指导，无法针对每个学生的具体情况给予个性化的帮助，因此存在一定的局限性。然而，惠敏在很小的年纪就能够自己寻找符合条件的理想学校，这种独立思考的能力让我非常钦佩。虽然不能为惠敏提供太多的帮助，但我始终守护在她身边，倾听她的苦恼，鼓励她继续努力、认真对待问题，因为我相信这样做一定会取得好的结果。

随着进入高年级学习，惠敏越来越努力地寻找自己需要的资源，无论是在校内还是校外，她都一一完成自己力所能及的事情，最终成功地实现了自己的目标。这一切都离不开她出色的时间管理能力、自我管理技巧以及对进入大学的现实认知，同时也得益于她坚持执行制定好的计划，积极参与校内外的各种活动。

寻找展示领导能力的机会

惠敏从小就喜欢交际、享受与他人交流的过程，但进入高中后她一直苦恼于如何培养自己的领导力。毕竟，并非每个人都可以成功成为一名领导者。但是，她有幸在中学时就与来自不同种族的朋友们相处得很好，这对她在高中时的学习、生活都有所帮助。此外，惠敏对磁石（Magnet）计划抱有极大的兴趣，也因此与老师们建立了更亲密的联系。

通过加入期望已久的辩论俱乐部并参与各种活动，惠敏逐渐具备了成为一名领导者所需的基本素质，也拥有了挑战新事物的勇气。她不仅能更加勇敢地站在人前发言，还大大提高了自己的逻辑思维能力，让言谈更具说服力。读十一年级时，她顺利地当选为辩论俱乐部的主席，并代表学校参加了比赛，承担了更多的责任。惠敏在充实的学校生活中积极地参与各项活动，让自己的领导能力得以逐渐发展和提升。

在读十二年级时，惠敏的学校里有一个名为“骑士与淑女”（Knights & Ladies）的学生志愿服务团，只有少数十二年级学生达到要求的成绩后，才能通过面试成为该组织的成员。成为这个团体的成员，被视作一种荣誉，是让人感到自豪的事情。在经过严苛的选拔之后，学生们将通过投票选出自己支持的领袖。作为一名东方女性，这个身份对她来说绝不是优势。但是，长时间的学生生活中，惠敏早已获得了同学们的认可，于是很顺利地当选为主席。之后，惠敏终于迎来了发挥自己领导力的机会，在学校的各种大小活动中都全力以赴，从未辜负过老师和同学的期望。

许多家长认为，高中时展现出领导才能是大学所需要的素质之一。在家长们眼中，某些组织中的“主席”等职位就是领导力的象征，他们认为孩子在学校中至少要担任一项职务才能被优秀的大学录取。但事实上，学生在参与学生会、俱乐部等活动的过程中也能得到培养和锻炼。作为家长应该知道，**只有职位而没有真正领导力的人是不会被认可的。“空洞领导”是不能产生影响力并从中学到有**

价值的东西的。因此，每所大学都会花费很多精力来验证学生是有真才实学还是徒有虚名。回想起来，惠敏之所以会被哈佛大学录取，或许正是因为她的领导才能和真诚态度得到了高度评价和认可。

培养孩子的社会成员意识

当惠敏快要读完十年级时，她面临着一个严峻的问题：必须在即将到来的暑假阶段找到与自己的兴趣爱好或未来计划相匹配的实习机会。惠敏希望在大学攻读国际关系相关专业，因此想在政要办公室、政府机关或社会团体中获得实习经验，这使得寻找实习机会更加困难。为此，她不断地向老师们求助并到学校咨询室查询是否有实习机会。在美国，一般要利用父母的人脉关系来争取实习机会，动员周围所有认识的人，甚至连祖辈的关系都要用上。但对于我们这种移民家庭来说，人脉圈子比较窄，往往局限于韩国人的圈子，情况非常艰难。对于一个高中生来说，解决这个难题几乎是难以想象的。作为家长，无法真正帮助孩子让我倍感遗憾和烦恼。但就在这时，惠敏兴奋地来找我。

“妈妈，我找到实习的地方了。这里非常适合我的实习！”惠敏欣喜若狂地说道。

原来是UCLA（加利福尼亚大学洛杉矶分校）的IDEA（UCLAs Institute for Democracy, Education, and Access 加利福尼亚大学洛杉矶分校教育学院下设的民主、教育、入学通路研究中心）。这个机构将为高中生举办夏季研讨会，并在参与者中挑选30名实习生，学习思考教育中根深蒂固的种族和社会阶级不平等问题。惠敏看到这个公告便认为这是为她自己准备的机会。

实习活动的研究主题是“高中生在学校内外表达政治立场的机会”。通过学生的实习活动整理出的结果，不仅会被发表在相关领域的杂志上，而且还会被CNN（美国有线电视新闻网）和NPR（美国国家公共电台）等媒体报道。由于实习活动的结果可能会传达给政界并对城市产生影响，因此这是一次非常重要的机会，惠敏也能更深入地了解那些问题。我为惠敏抓住了这个机会而感到非常高兴。

一整个暑假，惠敏每天都前往UCLA进行课题研究、听取讲座，进行采访。她采访了洛杉矶的青少年、市政府和警察局的相关人员、教育部门负责人等受访者。随着暑假的结束，这个实习还持续了一年，在洛杉矶市长、高校教授、教育专家、教育部门高管和父母的支持下，实习生们展示了他们的研究成果。惠敏在会上发表了关于她采访的一群特殊同龄人的文章，感性地讲述了一群年轻人在恶劣的住房条件和教育环境中所经历的各种犯罪和毒品的影响。虽然惠敏是在展示自己的研究成果，但她仿佛是在讲述自己的心路历程，传达出了那个特殊群体的希望。她呼吁道：“我们必须给他们机会。这个机会可以改变他们的生活和未来。”她的演讲触动人心，使得会议参与者包括市长和其他人都为之动容。

通过这次实习，惠敏更加深入地关注了政治学，并获得了一双洞悉社会问题的敏锐之眼。因此，参加各种暑期活动可以为孩子带来巨大的影响。家长们应该给予关注，积极寻找能够对孩子未来有益的活动。

我的未来我做主

孩子们在成年后走向新的世界时，往往会感到陌生和茫然。如果有人能够为他们提供一些指导和帮助，也许可以让孩子们更好地开始新的生活。但是惠敏必须靠自己去面对这个挑战。我们夫妻俩没有在美国大学生活的经验，也不知道该如何帮助女儿。一开始，我以为女儿的学校会负责这方面的事情。但实际上，在美国，学生需要通过各种渠道获取信息，学校只能提供一些升学信息和求学建议。因此，获得相关信息取决于学生的意愿，有些学生也许会努力获取所需的信息，而有些学生可能会错过关键信息而不自知。即使学生未能获得必要的信息，学校也不会强制要求学生去做什么相应的补救措施。

如果您也像我一样，单纯地认为学校会给予每位学生个性化的指导和照顾，那必定是空欢喜一场。**即使孩子在公立学校表现良好，成绩优秀，也不应该期望老师会主动为其提供升学指导和建议。实际上，美国公立高中的主要目标是让学生成功毕业并成为忠实的公民。申请进入大学完全取决于学生个人的选择。学生必须清楚自己的目标，并努力去寻找和争取自己所需的信息。**幸运的是，惠敏为了获取她所追求的大学机会而不断努力，在学习如何申请大学的过程中也付出了很多努力。

一旦确定了自己的兴趣领域，就能更容易找到相应的活动，并快速了解整体框架。惠敏便是早早就确定了自己感兴趣的领域，从十一年级暑假开始，她就分析了与该领域相关的大学，并列出了申请名单，包括 13 所私立大学和 3 所州立大学。她准备了主要用于申请私立大学的通用入学申请书（Common Application），也准备了加利福尼亚大学（UC）的入学申请表。通用申请表主要包括个人基本信息、家庭、成绩、活动、论文等项目，根据实际情况可附上简历。此外，学生还需要提交国家助学金申请（FAFSA）和私立大学要求的学费助学金申请（CSS Profile）。其中，每所大学要求学生提交 2~3 篇论文，算上所有的学校，就需要准备 20~30 篇文章。如果没有充分了解每所学校的要求，想要写出好文章就很难。而且由于这是第一轮入学考试的环节，惠敏很烦恼要不要寻找专家的帮助。然而，她最终在自己的努力下成功地完成了所有任务，通过了第一轮的入学考试。

在经历诸多困难后，惠敏收到了多所大学抛来的“橄榄枝”，最终被哈佛大学、布朗大学、亚默斯特学院、威廉姆斯学院、西北大学、斯沃斯莫尔学院、斯克里普斯学院、波莫纳学院、加州大学伯克利分校、加州大学洛杉矶分校和加州大学圣地亚哥分校录取。同时，她还被普林斯顿大学、哥伦比亚大学和耶鲁大学等名校列入了候补名单，但未能被斯坦福大学和宾夕法尼亚大学录取。

从入学考试中学到的

在惠敏准备大学入学考试的过程中，她的妹妹们也通过她宝贵的经历受益良多，都学会了自行处理复杂的事务。同时，我也通过女儿的经历了解到许多大学，并熟悉了申请流程。惠敏的整个大学录取过程，让我有了几点感受。首先，大学会仔细审查学生递交的入学申请书，以确认该学生是否符合该校的条件。其次，表达真挚感情是申请成功的关键之一。实际上，惠敏提交的申请书并不是完美的，但是她通过真诚、坚持不懈的态度展现出了她的为人和优秀品质，这些因素足以弥补申请书的不足之处。我相信老师们的推荐信不仅能证明这一点，也能起到重要的作用。第三点，随着入学考试难度的增加，早期录取的重要性也越来越受到重视。像惠恩和惠星一样，她们从姐姐的经验中学习，都获得了提前录取，因此没有向更多的学校提交入学申请。然而，惠敏申请时哈佛大学尚未实施提前录取政策——如果当时有，也许惠敏就没有勇气去申请它了，而且可能会在其他学校的提前录取中被拒绝。那样的话，妹妹们也不会因为姐姐的成功而鼓起勇气挑战哈佛大学，更无法感受到被哈佛大学录取的喜悦。

入学考试的另一个重要问题是专业选择。有些人认为，一旦选择了大学专业，就必须坚持读完。但是很多人发现在实际学习中自己并不适合所选择的专业，或者当初选择的专业与他们想象中的不同。如果出现这种情况，在美国转专业是相对容易的。然而，哈佛大学采用不同的专业选择方式，它要求学生充分考虑自己的兴趣领域，到了大二时再确定专业，并且据说可以多次更改专业。即使如此，学校还是更喜欢那些有明确目标的申请者，并希望学生能够具体表达自己对哪个专业感兴趣。这是因为，即使以后可以更改专业，学生也需要付出全部努力去探索他们真正喜欢的领域。

有时候，学生无法确定自己的专业或兴趣领域，会因此犹豫不决。二女儿惠恩也曾为自己的未来感到困惑。当时，惠敏建议她选择新闻学专业，因为她喜欢写作，如果日后有了其他兴趣再考虑转专业。听了姐姐的建议，惠恩变得更加轻松起来，不再有一旦选择了专业就无法更改的压力。这使她的思维得到了解放，在探索自己感兴趣的专业时也更加从容了。最终，惠恩毕业于社会学专业。

用热心与热情改变世界

惠敏在墨西哥曾有过一段特殊的经历。历史上，墨西哥曾被西班牙人占领，当时的原住民为逃避战争只得躲进深山。如今，墨西哥的原住民仍然使用自己的族语，而非西班牙语。但只有在医院或妇产科出生的人才有资格成为墨西哥公民，这使得原住民无法享有国籍、教育和医疗服务等公民福利。农场主为获得廉价劳动力，在那里建立了大规模的农场，强制将他们驱赶至此，这种集体农场被称为“坎波拉（Campos）”。

那些居住在坎波拉里的人的生活环境非常恶劣，加上厨房，一家老小生活在不到六七平方米的狭小空间里。大约有一半的孩子没有鞋子，更年幼的孩子只能光着小脚生活。此外，女孩们才十三四岁就开始生孩子，在许多情况下，甚至不知道孩子的父亲是谁，因此养育孩子的责任被迫落在了“未成年妈妈”的小小肩膀上。由于这种生活环境，他们的平均寿命只有 40 多岁。在成年人去农场工作的日子里，年仅 4 岁的孩子也要负责照看弟弟妹妹。为此，教堂成立了布道机构，向这个地方传教并开展教授西班牙语等教育活动。我家的孩子们暑期也会来这里，为这里的人们开设圣经学校，提供医疗服务。

惠敏现在回想起第一次去那里传福音的经历，仍然会潸然泪下。她完成了第一次传教活动后回到家，看到自己的床时哭了好一阵子。尽管她觉得自己非常幸运能够过上相对舒适的生活，但也深刻认识到这个世界是不公平的。她们团队仅在那里待了一个星期，为当地居民带来了短暂的帮助，看到本应该接受手术治疗的病人只能勉强绑上绷带，这样的做法显然帮助不大，让惠敏倍感愧疚。她认为，孩子们仅因为在那里出生就要经受恶劣的生活条件，这是非常不合理的。所以，像她这样享受着更好生活环境的人，应该承担减少世界不公平的责任，并为之努力奋斗。尽管只有短短一周的时间，但当抱起那些浑身恶臭、披头散发的孩子时，心跳加速的那一刻让她深刻认识到自己的使命。

青少年时期经历更多事情可以让孩子们对生活充满热情。惠敏每年夏天都会参加夏令营，通过夏令营，惠敏领悟到需要为那些孩子们策划更具体的计划，这也让她更加坚定了自己未来的目标。当遇见不同环境中生活的人时，激发了她内心纯真又温暖的感受，并让她思考如何接纳多元化的世界，为世界作出贡献，这段经历成了惠敏值得深思的一段人生旅程。

二女儿惠恩的故事：一个独特的热爱写作的孩子

写作之花，为学习绽放

当我的三个女儿考入哈佛并专心致志学习时，那些遇见我们的人总是很好奇地发问："在哈佛学习不难吗？"实际上，我们也有些担忧女儿们在这样一所佼佼者云集的学府中的学业和生活是否顺利。每次与孩子联系时，总是询问她们的学习情况，是否能够跟上课程要求。然而，三个女儿总是告诉我们不必担心，她们的论文得到了教授们的好评，学习表现非常出色。

在哈佛，论证性写作课（Expository Writing）是全校学生的必修课，必须由学生亲自完成。这门课程难度极大，以至于那些在高中总是得 A 的学生们在这门课上也可能只会获得 B 或 C 的成绩，这个结果让很多学生感到震惊。然而，我的三个孩子在这门课上都获得了 A，这让她们感到非常自豪。曾经，一个毕业于著名私立学校的朋友看到我的女儿们坐下来就开始写论文，便问道:“你们哪所高中毕业的? 怎么能这么快地写出文章?”听到这样的话，我们不禁想要感谢孩子们的中学老师们，这一切美好的结果都归功于他们优秀的教育。

我们的三个孩子都毕业于克利夫兰高中，这所学校提供许多不同的项目，其中包括前面提到过的人文主义“磁石计划”。在这个项目中，学生们每学期会选择不同的主题，涵盖多个科目，从不同的角度进行学习。这个项目没有指定专门的教科书，老师们在实际调查和资料整合后亲自编写教材。这所学校强调学术自由，通过这种特殊的教学方式，鼓励学生培养自主学习的能力，在潜移默化中培养人文思维模式。因此，当这些孩子读到高中十二年级的时候，他们已经具备了轻松撰写约 50 页文章的写作技能。

我的三个孩子都热爱读书，通过高中时期参加的人文“磁石计划”，她们的阅读和写作能力都得到了训练和提升，可以随时开始写作。特别是二女儿惠恩，从小就喜欢写作，在高中自由的学习氛围中更是自由地研究新课题、写作并发表，这样的学习方式是她喜欢的，也因此取得了很好的成绩。事实上，将思想用文字表达出来是最好的学习方法。能够用逻辑性强的文字表达出无形的思维，已经足以证明学习的有效性和意义。因此，写作可以被认为是学习的巅峰，也可以被称为学习的最高境界。写作贯穿了惠恩的整个高中生活，她的学习从写作开始，也是以写作结束的。

才能，为自己打开机会的大门

惠恩为了找到夏季实习也遇到了重重困难。无论是通过周围熟人介绍、学校的推荐，还是在互联网上都没有找到适合自己的实习机会。于是她想到的办法是认真制作简历，通过邮件的方式发送给大学里的政治学、社会学教授。尽管在教授们看来，校园里有许多优秀的大学生，年轻的高中生可能对科研的贡献有限。但是，惠恩仍然下决心要尽力去争取机会。

当时，惠恩制作了一张包含 50 余位大学教授的名单。她并没有给所有教授发送相同的电子邮件，而是对每位教授进行了相关调查研究，有针对性地发送了邮件，并附上了自己的履历，希望能引起教授们更多的兴趣。在邮件中，她认真表达了自己对教授们的关注，并努力传达了自己的意愿。然而，邮件发出后似乎并没有什么效果，只有极少数教授回复说暂时没有聘用实习生的计划，如果未来有需要，会联系惠恩。还有一位教授甚至建议我的女儿要专注于管理平时的学习成绩，并努力备考 SAT。可是随邮件附上的，还有惠恩的 SAT 成绩、校内成绩以及排名情况，显然那位教授似乎并没有认真阅读惠恩的履历。

幸运的是，加州大学洛杉矶分校政治学系的一位教授回复了惠恩的邮件并同意了面试请求。最终，惠恩通过了面试并成为该教授研究团队的实习生，这得益于她的努力和坚持。总之，正是由于惠恩的努力和坚持，她才得到了这个宝贵的实习机会。

由于惠恩对新闻学感兴趣，她申请了多个与之相关的暑期活动项目。从竞争激烈的知名项目，再到大学里的讲习班，总共有 10 多个。每个项目都有自己的特点与要求，参与者需要根据项目要求，仔细分析后准备 2~3 篇相应的论文，在这个过程中，惠恩写了 20~30 篇论文。除此之外，参加者还需要不断更新自己的简历，提交自我介绍书。如果需要经济支持，那么还需要提交相关文件和证明材料。总的来说，从申请表到简历、论文、经济支持的申请，所有事情都与写作有关。这个暑期项目的申请过程，让惠恩学习到了如何在竞争激烈的社会中与他人沟通，以及如何有效地展示自己的优点。

在写作过程中，惠恩参加了各种不同的活动，这些活动为她积累了很多成果，最终让她获得了一个拿奖学金的机会。像姐姐惠敏一样，她也从奖学金资助机构那里得到了很多帮助。虽然经济支持很重要，但实习机会和指导同样非常有用。与全国奖学金获得者相互交流的机会更是一笔巨大的无形财富。美国有许多大小不一的奖学金机会，各个奖学金资助机构都非常努力地发掘有未来潜力的学生。历史悠久的资助机构通常拥有更多关于选拔和培养人才的专业知识和经验，因为有太多合格的竞争者，要想被选中不仅需要满足基本条件，还要积极去申请。在申请奖学金时，最重要的是撰写一篇能够充分展示自身亮点和潜力的文章，让资助机构确信自己值得被“投资”。因此，我们可以说，申请奖学金的第一步就是从写作开始。

天才也无法战胜勤奋

在通过写作获得自信后，惠恩更加积极地收集各种比赛信息，并为那些有价值、有挑战性的比赛做好准备。每年她都能在全国范围内的比赛中获奖，这不仅证明了她出色的写作能力，也开启了其他的机会之门。在十一年级时，惠恩在新闻课老师的推荐下，作为加利福尼亚州代表参加了一场写作大赛。这次大赛有每个州的州代表，当然也包括华盛顿特区的学生代表，总共 51 人。获奖者将获得 1000 美元的奖金，并有资格在暑假期间作为代表参加新闻会议。

实际上，在惠恩提交申请之前，我甚至不知道这是什么比赛。当提交截止日期临近时，她突然急匆匆地找到我说："妈妈，这个包裹今天必须要寄出去，不知道来不来得及……"当我赶到邮局时，已经是下午 5 点了，邮局已经关门。我焦虑地在门口徘徊时，发现了一个邮递员。我上前询问他是否可以接收这个包裹，并在信封上加盖当天的邮戳。他欣然同意，让我感激不尽。正是因为他的帮助，我们才能取得好的结果，这让我非常感动。

这个比赛被称为"自由之魂（Free Spirit）"，我认为这个奖项非常适合惠恩，因为它可以激发孩子们享受自由、尽情想象和创造的灵魂。

我认为强调写作的重要性永远都不会过时。写作不仅能成为学习的基础，还能够不断生发，影响学习的各个方面。首先，写作能力可以赋予我们巨大的力量。例如，惠敏凭借自己的写作技巧成功提交了 16 份大学申请书，通过写作在申请书中阐述了自己为什么是这所大学需要的人才。其次，**我们不应该仅仅因为孩子们无法按时完成任务或有拖延的习惯，就轻易下定论，认为他们缺乏学习的热情，或者认为他们是懒惰或厌学的孩子。作为家长，我们应该思考**

一下，这是否是因为他们不知道如何写作或觉得写作很困难所造成的。这些问题值得父母深思。

虽然事实上，惠恩从小就对写作充满了浓厚的兴趣，但我并不认为她天生具有这方面的天赋。她能够取得今天的巨大成就，完全得益于坚持不懈地努力。与此同时，惠恩也深信，对任何人来说，写作都是一项可以用努力去完成的工作。只要下定决心并坚持不懈地付出努力，任何人都可以写出优秀的作品。

书写与众不同的人生故事

有一次，位于圣莫尼卡[①]的一家小剧场有场演出，从演出的前几天开始，惠恩就一直央求我带她去看。那时她有很多功课和其他活动需要完成，时间是很紧张的，我认为她应该多睡一会儿，而不是为了看演出放弃休息。但我们最终还是决定全家人一起去看演出，因为晚上的演出不便让惠恩一个人出门，并且也不能将惠敏和惠星单独留在家里。

当我们到达剧院时，已经是晚上 8 点了。在排队等候的人群中，除了我以外，大部分人都很年轻。令我感到惊讶的是，剧院门口排队的人中，除了几个白人，其他基本都是非裔或拉美裔，亚裔的数量都很少。在这样的环境中，我感到有些不自在，但为了惠恩，我还是选择坚持到演出结束。

① 圣莫尼卡（英语：Santa Monica）是美国加利福尼亚州洛杉矶县的一个沿海城市。

演出场地很自由，没有明确的舞台或观众席划分，人们都是随意找了个位置等待演出开始。我感到许多人正盯着我们看，不过惠恩却毫不在意。当灯光全部关闭，中央的聚光灯开始闪耀，演员终于登场。他表演的节目是朗诵配乐诗歌，但听起来更像是一首歌曲。每当他念完一句诗时，观众都会发出热烈的反应，“对！没错！讲出来！（Yes! That is right! Speak!）”就像是诗人和观众一起在演出。我无法体会诗歌中所表达的痛苦，而惠恩却沉浸其中，仿佛和诗人合为一体。回家的路上，听了惠恩对演出的解释，我才能了解一些观众的感受。

这场表演是惠恩的一种业余爱好，称作“口述艺术诗歌（Spoken Word Poetry）[①]”。惠恩上初中时，通过 C5 计划看到过这种表演的视频，并对其产生了浓厚兴趣，时常在视频平台上观看。据说，口语诗最早于二十世纪七十年代纽约黑人社区俱乐部兴起，是美国流行文化的一种形式，通过口头朗诵的方式表现诗歌作品，通常与说唱、嘻哈、故事讲述和爵士摇滚等音乐元素结合。与普通的诗不同，口语诗就像韩国的盘索里[②]一样，能够将诗人的思想和情感通过现场表演展现给观众，将社会正义、揭发与讽刺等内容融入表演，与观众互动，分享情感，产生共鸣。

在学校里，惠恩一有机会就用自己写的内容进行口语诗表演，并且得到了老师和同学们的喜爱和鼓励。这样的支持让她更加热爱诗歌创作，也让她成了洛杉矶街头诗人（Street Poets）俱乐部的会

① 口述艺术诗歌（英语：Spoken Word Poetry），又称口语诗。

② 盘索里（판소리），一种说唱音乐，流行于朝鲜、韩国及中国吉林、辽宁、黑龙江三省朝鲜族聚居区的曲艺形式。

员，和其他喜欢口语诗的朋友们分享自己的创意，享受多彩有趣的氛围。

惠恩喜欢观看口语诗这种艺术形式，享受这种表演带来的乐趣，同时也以自己的方式进行表演。她觉得最有趣的是可以体验到与主流文化相对的亚文化①。此外，她认为能够与持有相同想法的人分享希望和信念，拥有自由表达的权利是幸福又美好的事情。对于惠恩来说，对青春期所经历的不安、恐惧和韩裔美国人身份的认同感进行思考和整理，以口头诗歌的形式进行表达与演出，是特别有意义的事情。

在筛选申请者时，学生的成绩、社会活动经历以及获奖经历固然重要，但是大学更希望看到的是申请者的品质，想要了解学生是一个怎样的人。阅读惠恩写的文章时，会给读者带来一种亲见般的体验。不仅是哈佛，耶鲁大学也曾要求申请者提交口语诗而非论文。也许正因为这个原因，惠恩最终也收到了来自耶鲁大学的录取通知。现在回想起来，惠恩作为一名女高中生，身为亚裔还享受着黑人们喜欢的亚文化，的确是一个特别的孩子。口语诗这种独特的爱好真正展现了惠恩是一个怎样的人，这也使她在日常生活中与普通亚洲女孩有了更明显的区别。

彰显挑战精神与责任

惠恩就读的克利夫兰高中，学生人数多达 3000 人，加上教职工

① 在一个社会中，与传统文化或主流文化相对的、在社会内部显示出独特特质和认同感的小众文化。

和学生家长，规模可谓是相当大。在这里就读期间，她最热衷于参加学校校刊社的活动。该社团是一个传播校内热点新闻、通知公告、权威新闻解读以及原创有趣内容的平台，具有很大的影响力。从十年级开始，惠恩对新闻产生了兴趣。她不仅具有敏锐的视角，还努力学习如何表达自己的想法和制作新闻。在十年级结束后的暑假期间，惠恩参加了拥有 60 余年历史、极具影响力的加州学校新闻联盟新闻工作坊（California Scholastic Press Association High School Journalism Workshop）。来自 23 所学校的学生参加了这项为期两周的活动。在这里，惠恩完成了 35 项任务，更深入、更具体地学习了报纸制作、发行等相关知识，并将所学到的东西实践起来。这种热情感染了她身边的朋友和老师，在读完十一年级时，她成了报纸编辑，担任起领导者的角色。在报纸发行的前几天，惠恩经常熬夜工作，通过这个过程，她培养了对工作的责任心。

在情人节特刊上，一位朋友选择性别歧视问题为主题写了一篇文章。这篇文章经过指导老师审核后，提交给学校行政部门审批，但却受到了严厉的指责。作为编辑，惠恩积极与学生记者和校方进行沟通，希望报纸能顺利发行。尽管学校要求修改文章内容，但改动后未达预期，导致当月校刊无法发行。惠恩在这个过程中，积极与老师沟通，尽力打消学校的顾虑，并承诺修改后的文章可以达到要求。就这样，在她的力挽狂澜之下，最终获得了报纸发布许可。然而，由于这个小插曲导致预算超支，再次发行报纸时，没有足够的经费支持。正如俗话所说："有志者事竟成"。惠恩没有放弃，她不懈地奔波了好几天。这样的行动感动了负责校刊发行的一位行政人员自掏腰包，最终使报纸成功发行。惠恩所在的校刊社活动能继续进行，也得益于许多老师和辅导员一如既往地支持。

在准备提交大学申请时，存在一个无法避免的因素——就是报告中包含该专业科目老师和辅导员的推荐信。不管写的是什么内容，那都是他们的独有权力。推荐信可以视为确认学生活动的热情和成就的第三方意见。尤其是辅导员的推荐信，通常会强调申请人的个人品质和特点，还会描述其在课堂和校园活动等方面所表现出的成就和领导能力，这些是申请人在申请材料中无法完整体现的。

惠恩成功被哈佛大学录取后，有一次为了申请奖学金，她需要找辅导员老师写一封推荐信。那位老师告诉她，只需提交惠恩当初申请大学时使用过的那封即可，所以我无意中看到了那份推荐信的内容。

这封信主要写了惠恩在校刊社活动中表现出对新闻事业的热忱，其中，被社会公正所激发的热情，以及在编辑报纸时表现出的优秀领导力尤为突出。并且，推荐信还很好地表达了她对学习的好奇心以及对写作的热情。在惠恩参加校刊社的时候，由于洛杉矶教育局的预算减少，无法聘请专职老师，于是不得不将初级组和高级组合并。高级组的学生在制作报纸的同时，也要负责教授初级组的学生。推荐信中写道，惠恩在教授 30 名学生的同时，在编辑报纸方面也取得了不错的成果。推荐信中甚至这样写道:“说实话，学校本该给惠恩提供薪水的。”这是一个非常具体、实在的评价。这份推荐信证明了惠恩是一名成熟、富有挑战性且具有极强责任心的学生。

惠恩在高中四年期间，由于对新闻事业的热爱和对学校的热情，凭借充满动力和目标的内心力量，一直努力奋斗，并充实地度过了每一天。她表示，在这样的情况下，最有价值的时间是在学校中发挥影响力，并以爱心和志愿服务回馈社会。在此期间，我一直收集惠恩所写的文章、新闻报道、散文和诗歌等作品。受到女儿惠恩的影响，我也开始写作，最终完成了这本书的创作。

与榜样相遇

一天，惠恩激动地打来电话说："妈妈，你知道这次毕业典礼的特邀演讲嘉宾是谁吗？是政治家约翰·刘易斯（John Lewis）！太神奇了吧。看来我和他真的很有缘呢。"即使这将是惠恩第二次与约翰·刘易斯见面，她仍然感到非常激动。约翰·刘易斯是民权运动人士，曾连续33年担任乔治亚联邦众议员，并在二十世纪六十年代担任学生非暴力协调委员会（SNCC）主席，1965年还曾在亚拉巴马州与马丁·路德·金牧师一起领导选举权游行。在民权运动期间，为消除种族歧视做出了巨大的努力，在黑人人权运动中扮演重要角色。曾被前总统奥巴马称赞为"国会的良心"，受到许多政治家的尊敬。

在十一年级的社会公正课上，惠恩看过一部名叫《自由骑士》（*Freedom Riders*）的纪录片，也因此了解了美国历史上的民权运动，同时对政治产生了兴趣。特别是她理解了关于"自由骑士"之一——约翰·刘易斯的生平后，惠恩对他所做出的牺牲和贡献大为感动，并将他视为自己的政治榜样，开始主动思考自己之前的政治立场。

在那年年底，作为加州代表参加在华盛顿特区举行的阿尔·纽哈斯特自由精神新闻会议（AL Neuharth Free Spiritand Journalism Conference）[①]时，她终于有机会亲眼见到了自己的政治榜样——约翰·刘易斯。到了提问环节时，惠恩迅速举手发问："您是如何从一名民权运动者成长为一名政治家的？您是如何向他人传达您的信仰和价值观的？"对此，约翰·刘易斯回答说："无论作为一名民权运动者还是一名政治家，我都是同样的。正义之火始终在我内心深处燃烧，从未熄灭，无论做什么事情，我始终如此。"

演讲结束后，惠恩珍藏了与约翰·刘易斯的交谈内容和他的名片。她发誓要在未来接替他，成为引领新时代变革的催化剂，让正义之火始终燃烧不灭。这个承诺成为她申请哈佛大学时所提交的附加论文的主题。与英雄面对面的经历，对一名年轻的学生来说，是非常重要且具有深远影响的事情。

通过海外经历拓宽眼界

2011 年夏天，是惠恩最忙碌的日子。她参加了为期两周的新闻工作坊、10 个 C5 大学之旅、管弦乐夏令营、墨西哥传教活动以及国际青少年媒体峰会。在结束了新闻工作坊的行程后，惠恩并没有回家，而是马不停蹄地赶去洛杉矶机场搭乘飞往德国的飞机。她需要在那里转机，前往塞尔维亚首都贝尔格莱德参加国际青少年媒体

① AL Neuharth Free Spirit and Journalism Conference：一个以阿尔·纽哈斯特（Al Neuharth）命名的自由精神和新闻会议，旨在奖励并支持优秀的高中生加入新闻行业。该会议成立于 1999 年，为期一周，每年邀请来自 50 个州和华盛顿特区的 51 名高中学生参加。

交流俱乐部（Teen International Media Exchange Club, TIM Eclub）为期两周的活动。虽然身体上疲惫不堪，但她也收获了非常多的宝贵经验。

高中时期，惠恩主要参加了一些与国际议题相关的俱乐部活动。她参加了国际青少年媒体峰会，在媒体制作方面发挥了才能，制作了全球青少年交流视频；她还加入了国际特赦组织的俱乐部，学习并探讨人权问题，并积极参与了写作维护权益信函活动；她也参加了模拟联合国大会，代表不同国家进行研究和讨论。这些活动使惠恩从更广阔的视角来看待社会问题，激发了她对这些问题的兴趣和关注。

如今的我们生活在一个国际问题直接影响到我们生活的时代。现在比以往任何时候都更需要全球视野、积累各种经验，因此，通过这些活动积累的经验，与各国学生进行文化交流，是提高国际素养和扩大世界视野的重要途径。如果有机会去体验更广阔的世界，我们应该鼓励孩子勇敢地迎接挑战，为他们的未来打开更广阔的空间。

惠恩参加俱乐部活动时，在通过视频讨论国际热点问题的过程中，获得了参加一年一次的夏令营资格。惠恩用奖学金支付了夏令营费用和住宿费，剩下的就只需要解决机票的问题，因此她请求得到我的许可。我们夫妻俩非常担心，毕竟这不是一个容易决定的问题。但是看到惠恩满心欢喜地准备参加夏令营的样子，我们实在不忍打消她的热情。她的高中老师愿意一同前往，去参加在塞尔维亚举行的为期两周的夏令营。让惠恩独自去到这个似乎有些危险的东南欧国家是我们不愿意做出的决定。而且更让人担心的是，她还需要和老师分开行动，但是，惠恩毫不犹豫地表示愿意独自前往。

勇敢的惠恩在独自乘坐飞机时，还是感到非常紧张。毕竟，一个 16 岁的女孩第一次在没有父母的陪伴下独自飞往国外，这可不是一项简单的挑战。由于在大学入学之前，惠恩一直都没有智能手机，她无法随心所欲地上网搜索、使用翻译软件，也不能自由使用国际电话。尽管成功抵达德国，但在规定的一小时内换乘去往塞尔维亚的飞机时，由于不会说德语，她大费周章才找到登机口。到达塞尔维亚后，负责接机的人没有按时到来，惠恩汗流浃背地耐心等待。一连串问题的出现，让惠恩意识到，在这个人生地不熟的陌生国度，她必须独自生存下去。

在贝尔格莱德，惠恩与来自法国、希腊、土耳其、德国、加拿大、菲律宾、日本、波兰、荷兰和美国的 80 多名青少年和媒体制作者相聚于此地。他们自由组队，研究并制作了关于全球性问题的视频，主题包括饥饿、种族歧视、性别歧视、环境污染和教育等多领域的内容。她通过跟不同国家的人们交流合作，了解不同国家的文化和传统，同时也对有着不同背景和观点的人们更加开放和包容。

在一次夏令营中，惠恩结识了一个流浪者出身的朋友。惠恩对他的处境感到担忧，因为他生活在诸多歧视和偏见中，被认为是懒惰的、易上当受骗的人，甚至被当成小偷。当听到朋友表示对未来很渺茫，也不知道为什么要学习时，惠恩意识到每个人都有不同的经历和遭遇。在夏令营里，还有来自塞尔维亚和克罗地亚的孩子，惠恩看到了他们之间因为战争而产生的隔阂。她深刻感受到了世界各地正在发生的冲突。在目睹贝尔格莱德战争留下的痕迹的同时，还学习、了解了塞尔维亚这个陌生国家的历史，这对惠恩来说也是一次神奇的经历。

在这个夏令营中，来自不同国家、语言、文化、历史和教育背景的人们聚集在一起，惠恩发现大家有一个共同点：**所有人都希望改变自己所属的社会，更希望改变世界。在参加活动之前，她认为那些只是自己的想法和担忧。在活动中，看到来自其他国家的同龄人也在为相同的目标而努力，她深刻地意识到，即使在此时此刻，全世界依然有许多人为了营造更好的社会环境而奋斗。**这让惠恩深受感动和鼓舞，她相信只要大家齐心协力，就能改变世界，创造出更美好的未来。

此次去塞尔维亚的机会让惠恩的思维变得更加开阔，她拥有了更好的理解力和包容心。最重要的是，她成了一个懂得发现、感悟与分享的人。

小女儿惠星的故事：一个行动力很强的孩子

成为对社会有用的人

俗话说，“皇帝疼长子，百姓爱幺儿”。原本我并不理解这句话是什么意思，在养育惠星的过程中，我深觉这句话是对的。每当我在厨房干活或做菜的时候，惠星就会安静地过来一起帮忙。当爷爷奶奶从韩国过来的时候，她都会陪着不熟悉美国生活的两位老人，即使只是一些细枝末节的变化，但惠星好像能读懂两位老人的心一样，马上就能为他们准备需要的东西。平时的她话很少，但是行动力特别强。

惠星是家里老幺，比大姐惠敏小 10 岁，和二姐惠恩相差 6 岁。她出生的时候，正好是两个姐姐吵着想要养小狗的时候，于是姐姐们把一腔热情和爱心都倾注在这个小妹妹的身上了。虽然惠星在全家人的喜爱下长大，但并没有被宠坏，相反，她能时刻关心别人，成长为一个有礼貌、性格温和的孩子。

当两个姐姐去了哈佛大学后，许多人担心惠星会因此受到很大的压力，认为她很难跟上姐姐们的脚步。然而，惠星并不明白大家为什么会担心她，她自己反倒非常开心，因为姐姐们让她感到自豪。听到这番话后，周围的人不再为她过度担心，反而认为她是一个自尊心强、内心深沉的孩子。

惠星无论做什么事情，都有优异的表现，并且在姐姐们的影响和帮助下很早就开始参加各种活动。她从初中开始就在马场做志愿服务，一直做到了十二年级，总时长超过了 1000 小时。她还参加了教会青少年合唱团，并在周末去韩国学校做助教，教了 6 年艺术字书法课。C5 计划是姐姐们参加的一个项目，惠星也成功参与其中并坚持了 5 年。在高中阶段，她还积极参与了报纸俱乐部、亚洲俱乐部、WiSTEM[①] 俱乐部、电脑编程服务以及青少年中心志愿服务等各种活动和志愿服务，在三四年间始终如一地坚持下来。无论是什么活动，她都没有半途而废，始终如一地坚持了下来。凭借着这些活动，她填写的大学申请书非常翔实，因为美国的大学非常注重申请者积极参与志愿活动并担任领导职务的经历。**志愿服务需要的不仅是口头承诺，更需要的是能够在不同的情况下积极主动地采取恰当的行动**。除此之外，能够持续进行志愿服务的秘诀还包括良好的时间管理能力、理解能力以及专注力。

① WiSTEM 是 Women in STEM（科学、技术、工程和数学领域的女性）的缩写，是一个旨在促进女性在 STEM 领域中进行教育、职业生涯和领导力方面的平等的组织或俱乐部。它通常提供机会，帮助女性进入 STEM 领域并发展职业生涯，同时还提供社交网络和支持系统。

惠星进入大学的第一年时，疫情暴发了，她不得不留在家里学习并参加线上实习。而当疫苗研制出来后，申请接种的流程却十分复杂。实际上，我正是在惠星的帮助下才勉强完成了疫苗的接种。

惠星担心韩国移民不熟悉电脑和英语，无法在网站上进行预约。几天之后，她为了解决这个问题开始付诸行动。那段时间里，惠星给几个非营利组织发了电子邮件，表达自己愿意帮助那些在预约疫苗接种方面遇到困难的老年人。因为她会说韩语，而且也很熟悉电脑。不久后，一家服务老年人的志愿活动中心回复了她的邮件，并询问她是否能够帮助他们为1000名老年人预约接种疫苗。从那时起，惠星几乎每天都在不断地打电话。通过她的努力，已经有287人成功预约了疫苗接种。尽管也有其他种族的志愿者参与其中，但惠星所取得的成果是最大的，她的工作效率备受称赞，有人甚至说遇到她是一种幸运。

惠星从小就花了很多时间为别人服务，在潜移默化中学会了以身作则，带头做事的能力。**当你为他人奉献付出时，不仅会逐渐体会到“赠人玫瑰，手留余香”的喜悦，而且随着成长，也会因热心和善良而被社会认可并成为社会必不可少的存在。**

寻找自己的兴趣

惠星还是小学生的时候，由于我太忙了，所以让她和姐姐惠敏一起学习钢琴。与惠敏不同，惠星似乎对钢琴没有什么兴趣，于是我又让二女儿惠恩教她小提琴。然而，惠星的手特别小，小提琴似乎也不太适合她。我记得她小时候自己玩耍时喜欢画画，到了中学后，就让她去学了美术。

七年级的一天，惠星在网上看到了一幅图画和艺术字结合的作品，她边向我展示边告诉我想去学习写艺术字。这是惠星第一次表现出如此浓厚的兴趣，所以我开始寻找可以学习的地方。

这是一种类似书法的东方艺术，可以让写出来的字更漂亮，更具有艺术性。我觉得对惠星来说也许是一种不错的兴趣，好不容易找到了能教她的老师，但老师的工作室很远，每次去上课至少需要 1 个小时的车程。尽管上的是为期 8 周的基础课，但惠星每次都开心地哼着歌、不知疲倦地去学习，也许她是真的很喜欢才能做到这样。

上课的同学大部分都是与我年龄相仿的美国大婶，惠星的年纪最小，而且还是左撇子，但她并不介意这些问题，上课的时候全神贯注，下课的时候和大婶们聊天，这让惠星觉得很有意思。就这样到了八年级，她决定放弃美术，集中精力学习自己更感兴趣的艺术字书法课。

惠星通过观看视频网站自学了许多写字技巧，并且在家中抽出时间静静地练习。经过不断的努力和积累，当她进入高中，就展现出了专业水准的书法技巧。于是，她参加了各种类型的书法特别课程，学习新的技巧和不同种类的字体。此外，她还创建了一个照片墙（Instagram）账户，向人们展示她的作品和文字创作。随着关注惠星的粉丝数量逐渐增加，她收到的点赞量也越来越多，人也变得更加自信，达到了能够授课的水平。她早早地加入了书法协会，并从中获取到了各种有用的信息，同时也拓展了更广阔的活动范围。

我将惠星的每一件作品都精心地收集起来，并将它们制作成了视觉作品集，申请哈佛大学时一并发了过去。

用独特的兴趣填满履历

当惠星完成了十年级的学业后，她开始寻找暑期实习的机会。像姐姐惠恩一样，她给大学的教授们发了许多邮件。在等待期间，她收到了来自神经心脏研究所心脏内科教授的回复，邀请她参加面试。惠星非常感激教授能给一名高中生这样的机会。在面试中，教授向惠星介绍了他正在进行的研究项目——对小白鼠心脏神经细胞纤维的研究。教授说，惠星在接受免疫组织方面的培训后，将负责图像数据的分析以及小白鼠心脏神经图绘制的工作。

教授解释了他选择惠星的原因：首先，他看到惠星的简历上有编程经验和相应证书，便认为我女儿能够胜任这个工作。更令人惊讶的是，惠星在简历中写下的爱好是书法，这引起了教授的注意。在这项研究中，需要详细描绘小白鼠心脏神经细胞的每一个部分，至今为止还不能完全使用计算机来完成，因此需要借助手绘来完成。教授看到惠星的简历中写着她擅长书法，浏览了她的照片墙账号后，认为惠星的能力足以绘制出小白鼠神经细胞的图像。综合考虑，惠星是最合适的人选。

在和惠星返回的路上，我们一路聊着，兴奋得仿佛打了鸡血。感觉此前都是在为这次实习做准备，此时终于完美地把这个拼图拼合好了，心中无比感激。那个夏天，惠星在医学研究室实习超过

200 个小时。在教授的帮助下，她观察过猪心脏手术、豚鼠实验手术，甚至是人类心脏移植手术。当完成论文后，惠星的名字也出现在共同作者之列，同时这位教授为她写的推荐信也一并提交给了哈佛大学。我相信这位教授对惠星有着深刻的了解，所以写的推荐信对于展现她是一名什么样的学生非常有帮助。

当听到惠星被哈佛录取的消息时，研究室的教授非常高兴。据说，惠星离开后，这位教授还花钱雇用了一个人来代替我女儿。一直以来，我很担心还是高中生的女儿是否会给研究室带来麻烦，但最终的结果让我感到非常自豪。惠星也认为自己尽到了应尽的责任。**如果我们真正喜欢和擅长做某件事情，并为之全力以赴，那么将会遇到意想不到的机遇。我们并不总是从一开始就能得到最好的东西，但如果从小事做起，积极踏实地做好每件事，肯定会得到更好的机会。**

将爱好变为才能，用才能服务社会

惠星的爱好成了才能，她希望将其用于志愿服务中，为其他人做出自己的贡献。她认为老年人会喜欢艺术字书法，于是决定在养老院里教学。在第一节课上，制作了生日卡、圣诞卡、复活节卡，惠星还用毛笔写上了贺词，老人们都非常喜欢。接下来的几节课，惠星开始正式教授如何写字母 A。然而，出乎意料的事情发生了。由于老年人手部力量不足，难以握住笔，甚至没法写字。尽管经过几周的努力，他们依然无法掌握这个技能。惠星对此感到非常失望，她没想到会发生这样的问题。

但是，我们并没有因此放弃，而是去拜访了学校附近青少年中心的负责人，并向他分享了惠星的创意。这个中心是由洛杉矶警察局运营的非营利性组织，主要为低收入家庭的青少年提供各种课后活动的支持，类似于托管班，孩子们可以一直待到父母下班再回家。我们提出了在养老院教授书法的想法，分享了在那里的经验，他们欣然同意了。青少年中心距离惠星就读的高中只有五分钟的路程，所以开设课程也很方便。在课程刚刚开始时，有些学生不理解，因此学习并不积极。后来有两名初中女生对课程产生了兴趣，惠星给她们看了一些实例，用艺术字的形式写出了她们的名字，随即她们就表示愿意继续学习。慢慢地，不断有更多的孩子加入了课程，其中还包括很多男生。

课程一直持续到惠星高中毕业，每个学期都会开设一次。在教学过程中，惠星的书法技巧也逐渐得到了提升。每到学期结束时，惠星和学生们都会一起制作贺卡并捐赠给养老院，还装饰了大厅。通过书法，他们还将青少年中心和养老院联系了起来。

很多孩子成为高中生后都会尝试参加志愿活动，但有时会遇到许多障碍。如果轻易放弃，那么热情和信心都会消失，接下来的事情也无法继续推进。俗话说，“山重水复疑无路，柳暗花明又一村”。只要不抛弃、不放弃，坚持到底，就会找到解决方案。

能够帮助别人也是一种幸福

惠星自幼就特别喜欢深入了解电子产品。每当家里有新的产品，她总是第一个认真阅读使用说明书。与姐姐们不同，她对电脑的使用也特别熟练。我记得在惠星上七年级时，她还组织教会里的孩子们一起学习电脑编程。由于孩子们从未接触过计算机相关知识，我们开始寻找合适的授课老师。幸运的是，在教会里有位牧师的儿子在圣迭戈加州大学（UCSD）主修计算机工程专业，于是我们便请他来为孩子们上了第一堂课。在我们社区，这样年纪较小的学生学习编程可能是第一次，但孩子们都很喜欢。这门课程的开展并不是我单方面要求的，而是出于孩子们的兴趣，再加上了解到社会和当地的需求后，我们积极推进了计划，迈出了地区开拓编程教育的第一步。

过了一段时间后，由于授课老师要去其他州工作，这门课程不得不中断。其中一个学习编程的孩子说，这是到目前为止他参加过的最有趣的活动之一，所以非常遗憾不能继续上课。我们和其他家长一起寻找新的老师，经过不懈努力，终于请来了一位新老师。孩子们由易到难地学习，并挑战了资格认证考试。

当孩子们进入认证考试室时，监考官频频摇头，不理解这群小孩子为什么要参加考试。最终，惠星和她的朋友们如预期一样成功获得了资格认证。老师也为此感到骄傲，并鼓励说惠星成了南加州最年轻的持证者，可能会被《洛杉矶时报》报道。实际上，获得证书的孩子们都是中学生，只是惠星的生日最晚而已。

九年级时，惠星想在 AP 课程中选修计算机科学，但是负责该课程的辅导员认为对于刚刚升入高中的新生来说，是不适宜选修这门难度较大的课程的。考虑到这一点后，惠星向学校的计算机老师发送了一封介绍自己的电子邮件，并表达了对学习计算机的热情，以及想要选修计算机科学课程的意愿。计算机老师回复说想要选修这门课程应该是没问题的，这也让一开始对此感到疑惑的辅导员转变了对惠星的看法，于是同意了她的选课申请。

长久以来学习计算机技术，惠星也获得了相应的资格证书。这个一开始在家里客厅学习编程的孩子，现在又希望自己能够帮助他人，这是一件多么幸福的事情啊。

当她看到身边的人想学编程，却又找不到老师，无法得到学习机会时，感到非常可惜。后来，她与洛杉矶公立学校课后活动支持组织的负责人取得了联系。那个组织里的老师们都在做志愿者活动，为跟不上学习进度的孩子提供免费授课。当惠星提出要支持编程教育的计划后，那个组织特别欢迎，因为他们也有意开设这门课，但苦苦没有找到合适的老师……之后，惠星成了计算机课程的负责人，并很快与当地小学建立了联系，开始了课后编程的教育活动。

通过惠星的努力，有 40 名小学生学习了编程知识。其中一名孩子表现出了浓厚兴趣，并询问惠星是否有其他可以学习的方法。惠星向他介绍了哈佛大学免费的在线课程。这场教育活动让这个孩子立志成为一名工程师，梦想着有一天能在国家航空航天局（NASA）工作。

惠星听到这个孩子的故事时也非常激动:“妈妈，我只是教那些没有机会学习的孩子就感到很满足了，并不知道他们的未来会怎样。可是，我们又如何知道在教过的学生中，不会出现像史蒂夫·乔布斯一样的天才呢?”实际上，最初开始给学生上课时，惠星也有些犹豫，归根结底这就是一个孩子在教另一个孩子。但现在惠星看到自己是有教育潜力的，她感到非常兴奋。就这样，我们开始了推进在其他小学开展计算机课程的计划。

天无绝人之路

在假期期间，我与另外一所学校的负责人保持着联系，并仔细准备了即将开设的编程课。但直到新学期开始了有一阵子，仍没有收到任何开课的消息，后来我从负责人那里听到了令人遗憾的消息，“由于财政原因，导致课程无法继续运营”。这让惠星非常失望，她制定的计划全都落空了。我们和课程督导员见面后，又听到了一件令人吃惊的事情。督导员说：“惠星啊，不要担心。即使没有那个组织，我们还是可以继续开设电脑课程的，你只需要负责教课就行了。从上个学期开始，我就没有拿到相应的津贴了。可是看到你和孩子们对这门课程的喜爱和热情，看到你们努力的样子，我还是决定继续开设这门课。”

事实上，惠星是高中生，如果没有课程督导老师，是无法教小学生的。回家的路上，我们非常感谢那位老师，是因为他的坚守，才让惠星能够继续教孩子们。这时，惠星突然说了这样一句话：“妈妈，我要不要成立一个公益组织？反正电脑课程的具体计划已经制定好了，学校负责人说他会拿到批准许可的。”

惠星的热情感染了我。于是，我开始了解有关非营利组织注册的相关事项，而女儿则负责联系小学老师，为自己的计划写推荐信并说明情况。我们为这个组织的名字考虑了很久，最终决定以“教编程的伙伴”命名，使用 Codebuddy（编程伙伴）这个名称完成了注册。

我向洛杉矶教育局所属的小学校长和班主任发送了“Codebuddy”组织的介绍信和有关开设课程的推荐信，并希望得到回复。但单纯地依靠邮件是不够的，因此我们带着介绍信、推荐信和名片，亲自前往小学与校长和班主任面对面交流。然而，与负责人见面并非易事。有时候，我们甚至见不到他们；即使见到，他们也可能仅仅接过文件夹就让我们离开，这让我们非常担心他们是否真正了解我们的意图。这也难怪，一个由高中生创建的组织，谁能相信惠星能够承担授课的责任呢？但是，我们后来听说有些人能直接联系到为我们写推荐信的老师。那位老师向联系人介绍了我们过去一年的计算机课程，并称赞惠星尽管是高中生，但非常勤奋。多亏了老师的支持，我们后来也收到了几位校长的面谈邀约。我们还将 Codebuddy 介绍给那些一直找不到志愿活动机会的编程爱好者，鼓励他们加入我们的行列。

在 Codebuddy 开设的第一堂课，让我至今仍然难以忘记。这堂课将孩子们与老师紧紧联系在了一起，我从中感受到了无比的震撼。这一切都来之不易，惠星眼角的泪水说明她的辛勤与忙碌都没有被辜负，这让我也感到非常高兴和欣慰。惠星对我说：“妈妈，就是人们感受到了这份心情，才会那么努力地继续做好事吧。”

包括学校在内，有很多学生通过参加 Codebuddy 的计划受益良多，学员的数量也在不断增加。当惠星进入十二年级的时候，已经为 11 所小学、大约 440 个孩子提供了编程课。此后，Codebuddy 获得了非营利组织志愿奖，并用奖金举办了第一届“儿童编程大赛”。现在，Codebuddy 通过后辈们的努力，继续为那些不懂编程的孩子们提供学习的机会，为孩子们打开了一扇接触编程与电脑世界的学习之门。

对于惠星来说，在小的时候学会编程是一种幸运。她通过与他人分享这份幸运所体验到的是真正的幸福。虽然有很多人专业学习计算机，但对于小孩子们来说，从那些高薪工作的人那里学习编程并不容易。而 Codebuddy 创造了机会，让小孩子们遇到了像朋友一样亲切、友善的老师，就像 Codebuddy 这个名字的含义一样，为学员们带来了学习编程的愉悦体验。

挑战与经历让孩子向梦想靠近

惠星在选择高中时，她一直苦恼于自己是去人文学科还是工科学校，最终，选择了姐姐就读过的克利夫兰高中。她的想法是：即使一个人作出了再惊人的科学发现，如果不能用文字向大众表达出来的话，那么也就毫无意义。科学家们通过发表论文来交流和分享自己的研究实验结果，而阅读论文的人也能从中获取启示来推进他们自己的研究。因此，不管是哪个领域，写作都是学术的基础。惠星也像她的姐姐一样学习并掌握了写作技巧，这使得她可以自如地表达自己所热爱的科学领域。在一次实习中，她对生物学产生了浓厚兴趣，接着开始思考如何通过编程将科技与自然科学联系在一起。而且她对学校里的人文学科也越来越感兴趣。于是，为了探索自己的学术兴趣进行了许多尝试。

了解自己喜欢什么，对哪些学科有兴趣，有助于为未来的职业道路做出选择。有时，父母会担心孩子不知道自己想要做些什么。

其实，在那个年纪，不知道是正常的。但是，推迟思考并不是一个好方法。只要肯利用任何机会勇敢尝试不同的东西，就会逐渐清楚自己想要什么，从而找到自己的方向。

暑期项目中有许多具有挑战性的学术性的项目。惠星从六年级开始，到十一年级暑假，参加了 6 次不同主题的学术夏令营。她总是仔细研究每个项目提供的内容，然后做出自己的选择。通过这种方式，她发现了自己的擅长领域，也认识到某些所选项目并不适合自己。此外，在她与同伴一起参与的过程中，不仅一起接受了挑战，还学会了团队合作。

在八年级夏令营中，通过阅读和分析科学期刊上的文章，进行实验，在医学入门课程中还有机会进行人体研究，在实验中感受兴奋和喜悦的时候，惠星发现自己真的很喜欢生物学。

在九年级暑假，惠星参加了一个夏令营。有 700 名高中生参加了这个夏令营，他们在加州州立大学的四个校区中进行了为期 4 周的课程学习。这是一个在加州很有名气的 STEM[①] 夏令营，参加者不仅能够获得经济支持，还可以享受课程与实践活动、知名教授的指导，这些吸引了众多想要从事 STEM 专业的学生，所以竞争非常激烈。大多数人都是从十年级、十一年级中选拔的，而九年级学生很难得到这样的机会。但惠星因为从初中开始就一直积极参与暑期课程，所以受到了认可，成功入选。此外，幸运的是，她还享受了全额奖学金。

① STEM 是科学（Science）、技术（Technology）、工程（Engineering）、数学（Mathematics）四门学科英文首字母的缩写。

惠星在加利福尼亚大学戴维斯分校（UC Davis）上了一门名为“计算机在生物理学与机器人工学中的运用”的课程。每次去上课时，她像大学生一样骑车穿行于校园之间，之前与她一起参加夏令营的学长学姐们也正在大学中学习 STEM 领域有关的专业。与在初中参加的夏令营不同，这里更注重学生自主学习和自律生活的能力，在这门课程中，惠星学到了许多有关计算机编程的知识，并掌握了与机器人工程相关的专业技能。事实上，惠星对工程方面并不是很感兴趣，她更想学习与生物学相关的内容。

在她八年级的暑假，就在夏令营中学习了医学概论，当时进行过的实验也让她感到非常有趣。十年级在心脏神经内科实验室实习时，她为自己能够直接参与到研究中感到非常自豪。

在十一年级暑假，她开始探索与 STEM 不同的领域。她对在学校学习的人文学科也很感兴趣，所以有了很多选择。**通常夏令营的申请截止日期在 1~2 月之间，所以她必须在寒假期间做好准备才能按时提交申请。**申请不同领域的知名夏令营远比进入常春藤联盟大学更难。比起“一把过”的想法，不如抱着“试一试”的态度去申请。我建议还在犹豫中的惠星去申请 STEM 夏令营和人文学科夏令营。STEM 领域最著名的夏令营是 RSI① 科研项目，而人文学科领域最著名的夏令营是特鲁莱德协会（Telluride Association）② 的夏校项目（TASP）。这两个项目的录取率都低于 5%。RSI 每年招收 50 名

① RSI（Research Science Institute）是美国 CEE（Center for Excellence in Education）卓越教育中心与麻省理工学院 MIT 于 1984 年成立的，为全世界高中生设计的暑期科研项目。

② Telluride Association，特鲁莱德协会。该协会的夏校项目是全美久负盛名、最成功的学术暑期项目之一。

美国本土学生和 30 名国际学生，需要准备论文、考试成绩、推荐信、学术经历、获奖经历等材料。TASP 第一阶段招收 130 人，第二阶段面试只选拔一半左右的人（每年招收人数有所不同）。如果在第一阶段通过了材料筛选，则需要提交简历、学校成绩、考试成绩、推荐信等材料，并进行第二轮面试。

据说 TASP 的面试对于高中生来说是最难的。通常以答辩的形式进行，面试官会根据申请人提交的论文来提出问题，以此考查申请人是否能够有效地反驳质疑并表达出自己的论点。惠星在学校学习了以辩论的方式研究人文学科，这对她很有帮助。当时，面试官询问的最后一个问题是，惠星是出于什么组建了 Codebuddy，以及这个组织都做过些什么。

虽然惠星作为加利福尼亚的代表在 RSI 的申请中失败了，但她最终还是被 TASP 录取了。在 TASP 中，惠星学习的主题是“在历史、科学、文学和哲学中探讨人体”。这个主题涵盖了惠星感兴趣的所有领域。通过这个项目，惠星对于人文学科和自然科学之间的互动关系有了更深入的认识，同时也对于如何运用不同领域的知识去更好地理解和改善人类社会有了更多的思考。在申请哈佛大学时，她的论文中提到，“科学不仅仅是一个独立的领域，它的发展往往需要跨学科的协作和综合性的思考，并需要考虑其对社会、文化和伦理的影响。”以此表达了她想要学习和研究人文学科和科学关系的意愿。

惠星从小就有自己感兴趣的领域，并通过不断地探索学习、不断成长实现了自己的目标。现在她在哈佛大学研究的就是人文学科和自然科学之间的关系。

第六部分

人生的第二个转折点：三个女儿的哈佛故事

大学教育是家庭共同成长和学习的机会

入学准备

2016年9月5日的《时代》杂志封面题为“普通家庭，非凡孩子（Ordinary Families. Extraordinary Kids.）”，讲述了九个家庭的故事。这些家庭都出现了很多美国知名人物，其中包括众所周知的沃伊茨基（Wojcicki）家族的三姐妹：苏珊（Susan）、安妮（Anne）和珍妮特（Janet，流行疾病学家）。埃曼纽尔（Emanuel）家族的三个儿子：拉姆（Rahm，曾任芝加哥市市长）、泽克（Zeke）和阿里（Ari）。罗德里格斯（Rodriguez）家族的蕾贝卡（Rebeca）、吉娜（Gina）和伊芙丽丝（Ivelisse）。林（Lin）家族的玛雅（Maya）和坦（Tan）等人。这几个家庭中的每个孩子都取得了耀眼的成就。这些家庭并非仅仅因为财富或名声而成功，而是在领导力、社会服务、成就等方面给予了另一种定义。由于每个家庭都有孩子获得成功，因此人们对如何培养孩子的方式产生了兴趣。

《美洲中央日报》针对关注教育的侨民们，分析了《时代》杂志的文章（2016年8月27日，“成功孩子的特点”），总结出了九个家庭的共同特质，其中包括两个关键词：“移民”和“教育”。除了一个家庭以外，其余八个家庭都是移民家庭，并且都相当重视教育。移民和教育家庭之间的共同之处在于强调教育的重要性，因为第一代移民深知让孩子受教育是少数族裔生存最佳的途径。虽然家长对孩子的期待会激发竞争欲，并带来压力，但同时也促使孩子追求卓越的渴望。族裔也成了激发孩子坚定决心、克服当下诱惑而不断努力的动力源泉。更为重要的是，这九个家庭的孩子们都拥有自由意志，自己选择了要走的路，而非通过家长的强制要求实现目标。

这篇文章很好地代表了我们在美国养育孩子的经历。作为一个移民家庭的父母，我非常重视教育的重要性。此外，我相信只要有信仰，就可以克服遇到的任何困难，并取得最终的成功。在人生中，大学本身可能并不是那么重要，然而，上大学可以看作是孩子实现目标与梦想的“桥梁”。孩子们通过上大学获得所需的技能和知识，这些技能和知识将使他们在未来更有机会实现自己的梦想和目标。同时，这一代的经验和成功也会对下一代产生积极的影响，在家庭和社会中发挥良好的榜样作用。

有时候我们会看到一些年纪尚小的孩子们，遇到了一些他们意想之外的难题，例如亲人离世、父母离婚、疾病、战争等。对于这些遭遇困境的孩子来说，上大学成了微不足道的事情，如何成功克服困境比读大学更为重要。但是对于普通孩子们来说，上大学到底有什么意义呢？

对于那些没有经历过挫折的孩子来说，**上大学可能是成长过程中遇到的最大考验之一，也算是生命中最重要的事情。即使对于我的女儿们来说，上大学也是一个非常棘手的问题。**但是，成功度过这个考验的过程比最终取得的结果更为重要。因为在这个过程中，孩子们的信念不仅会被增强，同时也会更加相信自己的价值，并勇敢地步入更为广阔的世界。

从孩子的角度来看，大学入学考试是一个可以期待信仰成长的时刻，对于送孩子上大学的父母来说则可以获得家庭和睦的美好果实。当父母和孩子一起准备入学考试，他们就变成了一个整体。如果双方不能相互沟通，那么想要跨越大学的高门槛将变得很辛苦。

全家共同克服困难的经历是最珍贵的家庭宝藏。为了找到惠恩做完的作业，全家人翻箱倒柜，甚至戴上橡胶手套去翻垃圾桶；惠星因为生病一个星期无法去学校，在去参加 SAT 考试的路上遇到交通事故，是有了朋友的帮助，才勉强赶到考场；惠敏从很远的旧金山乘飞机回来帮助我接送妹妹上下学；惠恩开车送妹妹去学校时发生了交通事故，车子几乎报废，于是她请求警察把妹妹送到学校……

这些我们共同经历的事件成为维系亲密家庭关系的纽带，每个转折点的出现都是全家人共同努力的结果。对于我们每个人来说，这些经历是人生中不可或缺的里程碑。

父母不要成为孩子的“绊脚石”

“你的女儿们都还好吗？”

“女儿们都不想家的吗？”

“因为是女儿，一定很担心她们吧。”

朋友们时常会问起女儿们的近况。实际上，我也一直很好奇她们的状况。在接到她们打来的电话时感到惊喜，许久没有音信的时候会感到担心。这时候，我才真正感觉到美国是个很大的国家。我住在洛杉矶，女儿们生活在波士顿，从西飞到东，需要坐一整天的飞机，大约要花上六七个小时才能见面。即使她们生病或者遇到什么问题，因为距离问题，我们也不能立刻出现在女儿们身边。毕竟是女儿，这让我们常常更加担心。有些父母甚至说绝不让孩子去离家太远的地方上大学，即使是收到了哈佛的邀请，他们也可能回绝，因为距离太远了。把三个孩子送到了离家很远的哈佛，这样的距离令我重新思考了作为父母的角色。

孩子离家去上大学，就意味着要独立于父母。这不是孩子离开我，而是我从孩子那里独立出来。孩子刚出生时，父母在孩子的人生中扮演着重要的角色。随着孩子逐渐长大，父母的作用应该变得越来越小。当孩子进入大学时，父母就必须为自己的离开做好准备。**读大学是孩子独立于父母的时期，父母必须先离开孩子，这样孩子才能放心地离开自己的父母。如果父母无法离开孩子，则会牵绊住孩子的脚步，使孩子无法充分发挥自己的自由意志。**

大女儿惠敏六岁时，我们举家来到了美国。惠敏是我的女儿，也是我的朋友。她和我们一起学习英语，从小就是我们的助手和同伴。在她年幼的时候，就帮忙翻译各种难懂的文件，我们一起度过了艰难的移民初期生活。为了大女儿能够追寻属于自己的人生，我决定不成为孩子的“绊脚石”。知道女儿在担心自己离家后的爸爸妈妈和妹妹，为了让她能够迈出自己的步伐，我决定要把时间用得更有意义，努力成长和改变。我相信，这样会让离开家的孩子们的内心更加平静。

现在，为了孩子们我能做的事情已经非常有限了。当最小的孩子也离家后，现在我唯一可以做的只有祈祷了。我希望女儿们无论身在何处，都能够勇敢地承担自己的使命。我还告诉孩子们要记住父母的爱。

哈佛大学被誉为世界知名学府的原因

培养国际化领导者的摇篮

当大学录取工作结束后，学生们通常会收到多所学校的录取通知书，决定权已经掌握在自己手中。有些大学因此开始进行对优秀学生的宣传工作，邀请预录取的学生参加校友会，有时会通过电话向学生表示祝贺并借机对大学进行宣传。哈佛大学则会邀请有意愿的学生参加为期 3 天的校内活动，不仅吃住在学校，还能了解学校的基本情况和愿景，校方还会向学生介绍所有可以提供的教育资源。当惠敏收到哈佛提供的机票和住宿等邮件时，她非常兴奋。但让孩子独自前往，仍令我有些担心，出于好奇心的驱使，我决定陪同女儿一起前往哈佛参观。

穿过正门，走进宽阔的草坪，你会看到自由自在的人们在草坪上阅读或与朋友促膝而谈，这让这所大学看起来与其他大学无异。惠敏根据学校的安排参加各种活动，她跑遍了整个校园，也结交了很多新朋友。当我和她短暂相遇时，女儿的话让我倍感欣慰："妈妈，到目前为止，我的感觉超棒！**这里充满了自由，大家相互尊重，相互认可，并没有因为是黄种人、是女孩子就对我差别对待，一切都是那么的和谐。我太爱这个学校了！**"

在洛杉矶西部有一个叫做剑桥的城市，它令人感到陌生，我在那里生活时总担心自己是否像一个"异乡人"，总是没有归属感。然而，女儿说现在的她感觉就像是在自己的领地一样，很自由，也很放松。学校周围都是年轻人，城市本身也因此显得充满活力，公共交通系统良好，无论去什么地方都很方便。即使因学习而身心疲惫，也可以在走出校门的瞬间立刻消散得无影无踪。

我感受到的哈佛大学不仅仅是面向美国的大学，更是为全球人民开设的世界级学府。这里，来自不同国家和民族的人们聚在一起，不会在意彼此的身份是什么，他们唯一且只有一个共同目的——学习。同时，哈佛也建立了各地校友之间的紧密联系与合作。学生们有机会前往其他姊妹学校继续深造。在大三暑假，惠敏前往中国进行了为期两个月的学术调研，期间要辗转北京、上海、广州、香港等多个城市。再怎么说也还是一个 21 岁的女孩子，独自一人出国，也让我有些担心。可见到学校此次活动的负责人后，他递给惠敏一张名片，告诉她如果发生了紧急情况，可以按照名片上的方式联系他。哈佛大学为学生们提供了保障系统，哈佛的学生处在紧急情况中时，就像在海外遇到紧急情况时联系大使馆一样，可以随时得到学校提供的帮助。

哈佛大学深信，全球各地的人才越来越多，培养更多世界级人才，这将使学校能够更好地发展。这些毕业生将代表自己的国家和民族，为创造更好的世界作出贡献。

哈佛特有的教育体制

我曾经收到了一家韩国家庭咨询中心发来的请求，他们想请我做一场分享会——分享自己送孩子成功读大学的经历和感受。讲座结束后，在离开的路上，一位母亲向我道谢。她说自己之前从未听说过大学可以提供的福利，也没有考虑过这个问题。之前看到那些执着于名校的父母们，觉得他们是在为自己的虚荣而牺牲孩子的未来，但是，听了我的讲座后，她的想法发生了改变，也希望自己的孩子能享受学校的福利政策。通过与她的交谈，我意识到有些家长对大学的了解是很片面的，可谓是知其然而不知其所以然。

我打算总结一下女儿们进入哈佛后所得到的福利。我并不是说自己所有的经验都是正确的，只是希望通过分享经验来帮助那些未来想要送孩子去大学的父母们。许多大学被称为名校，其有着充分的理由。这些大学拥有其他学校所没有的独特福利和优势。

1. 不缺钱的学校

哈佛大学是一所无须担心经济问题的学校。该大学实行“Need Blind（无视支付能力）”政策，即录取决策不会受到申请者财务状况的影响，即使申请奖学金也一样。当我的孩子们申请哈佛时，除了提交申请书外，她们还申请了经济援助。这里有一个术语可能会引起混淆，那就是“奖学金（Scholarship）”。奖学金可以分为两种类型：学业奖学金（Merit Scholarship）和经济援助（Financial Aid）。然而，哈佛是没有学业奖学金的，如果一个学生从哈佛获得了奖学金，那么获得的其实是经济援助。在提交入学申请时，填写奖学金申请表是为了申请经济援助。哈佛大学的招生办公室负责录取工作，他们不会因为学生的财务状况而做出录取或拒绝的决定。许多美国大学实行这种政策，越来越多的学校也相继开始实施该政策，甚至有些大学允许外国学生申请并使用 Need Blind 政策。

以我家为例，我和丈夫不需要为了支付学费而烦恼。那些不了解情况的人会好奇，我们是哪来的钱把孩子们送到私立学校的。简单地说，哈佛大学免费为家庭年收入在 7 万美元以下的学生提供教育。如果证明自己每年的学费、住宿费、餐费、零花钱和医疗保险等所有费用都在 7 万到 8 万美元之间，我们的三个孩子就可以通过学校得到经济援助。但是如果惠敏去了加州大学伯克利分校，一年就要支付 3000 美元。所以既能去世界顶级学府，又不必支付任何费用，对我们来说是天大的好消息，也是最大的祝福。对于孩子们来说，能够在哈佛无忧无虑地学习，专心追求梦想，更不用担心钱的问题，就是最好的福利。

全球最富裕的孩子们都聚集在了哈佛大学，我们曾经担心女儿们会感到不适应，但由于学校提供的特别关怀和照顾，这种担心显然是多虑了。如果需要电脑，学校可以提供，而对于从加利福尼亚这样温暖地区来的学生，学校还提供购买冬季外套的费用。这是学校为新生准备的一种关怀，使他们能够更好地适应新环境。此外，每个学期，学校会往学生的卡中存入少量的资金，以备紧急之用，最多可达 5000 美元，但我们从来没有用过它。毕业典礼时，学校还为我们提供了额外的支持，以支付学生家长前往参加毕业典礼的旅途费用。对于那些住得远的家长来说，前往毕业典礼可能会带来巨大的经济压力，因为来回的机票和这几天的住宿费用都很昂贵。但是，学校会帮助所有想要参加毕业典礼的家长支付旅行费用，因此我们可以毫无顾虑地和孩子一起庆祝毕业。

在高中时，孩子们只能专注于学习和其他活动，但女儿们成为大学生后，最想做的就是参加文化活动，比如和朋友们一起看电影、话剧、音乐剧等。学校每年提供 5 次免费观看各种演出的机会。学校还给学生提供折扣码，用于参加剧院的周边活动，比如波士顿红袜的比赛、波士顿交响乐团的表演以及芭蕾舞等各种活动。此外，学生只需缴纳少量费用，就可以参加户外爬山、攀岩等兴趣活动。

作为移民，又身处美国经济弱势群体中的孩子们能够进入哈佛大学学习，就已经是一个非常宝贵的机会了。如果因为经济原因无法享受其他同学所拥有的文化福利，那么作为父母的我们会感到非常遗憾。但是，正因为学校提供了细致周全的支持，孩子们可以尽情地学习，在没有任何压力的情况下享受自己的大学生活。**在哈佛学习期间，每个学生都将受到平等的对待，并享有平等的福利待遇。学校对弱势群体的支持不仅有助于培养出优秀的学生，而且这些曾经接受过帮助的人在社会上也会以身作则，帮助其他需要帮助的人，形成一个良性循环，给社会带来良好的影响力。**

2. 最棒的学习指导

二女儿惠恩是一个必须尽善尽美地完成每件事才能满足的孩子。因此，她在学习、俱乐部活动、志愿服务的周末日程上安排得都过于繁重，以至于逐渐拖延了学习，她也因此感到了困惑。深思熟虑后，她去学校咨询中心（Bureau of Study Counsel）寻求帮助。该中心提供了许多自我管理活动，可以系统地学习“阅读技巧”“任务计划”“时间管理技巧”等实用方法。此外，该中心还为困难学生提供辅导计划，以及一对一的咨询服务。

惠恩申请了自我管理的活动和一对一咨询，从中受到了很多帮助。她说一对一咨询给自己的帮助最大，多亏于此，她才能够思考并处理与上课有关的事情。惠恩认为自己需要完成的任务实在太多了，由此带来了很大的压力。她得到的建议是先将所有任务分解开来，然后进行分类。通过这样的方式，可以减轻压力。接下来，把任务逐步划分为不同的阶段，并制定相应的处理计划。在制定好计划之后，惠恩继续与咨询老师交流，确保能按照计划执行。整个学期的辅导过程结束后，她说自己的生活发生了翻天覆地的变化。她也很后悔没能在高中的时候就学会这些自我管理技巧，否则自己就可以做得更完美了。于是，惠恩甚至在回家后，为妹妹惠星和教会的后辈们开了一个关于自我管理学习方法的研讨会，以帮助更多的人获得益处。

3. 无微不至地照顾和管理

在哈佛大学，新生们会被分配住在一起，也会收到辅导员分阶段提供的帮助。辅导员有职业的，也有高年级的研究生、助教，还有正在攻读博士学位的人。

新生之外的其他学生分布在 12 个宿舍中。他们将在这些指定的宿舍中生活，直到毕业。每个宿舍都有各自的名称，这里就像是一个小型的社区（Community）。这里会有提供宿舍管理的顾问，就是我们俗称的“宿管”，他会组织学生们一起开比萨派对，还会像哥哥姐姐一样倾听学生们的烦恼，在宿舍生活中扮演着重要的角色。除此之外，宿舍中还有专门负责学术方面的顾问，根据学生所在专业的不同，提供相应的指导和建议，以帮助学生更好地完成学习任务，实现目标。特别是针对法律、医学等特定专业的学生，宿舍会特别安排对应的顾问，提供更为专业化的指导和支持。

此外，学校还提供了其他类型的顾问。例如，生活问题咨询顾问，以及罗兹学者计划（Rhodes Scholar）或马歇尔学者计划（Marshall Scholar）等知名奖学金的申请顾问，还有全面教育指导顾问、时间管理和学术指导顾问，提供求职和职业发展咨询，以及提供实习或暑期活动支持的顾问。

学校所提供的这个有机体系让学生无论身在何处，遇到任何问题都可以向顾问求助，在这种无微不至的关怀和管理之下，学生们不会堕落，而是会更好地学习。得益于这样的体系，哈佛大学的毕业率为 98%。与美国普通大学的平均毕业率（47%）相比，高出两倍之多。据说余下那 2% 没毕业的学生不是创业，就是转学去了其他学校继续深造。

学校的后勤保障体系中，让我印象深刻的是宿舍食堂的服务。作为母亲，总是担心孩子们的饮食，但这其实是我无谓的担心。有时候孩子们得在中午 12 点上课，我很担心她们的午餐怎么解决。但据说食堂会准备盒饭，只要在前一天用电脑申请，早餐时就可以提前取到盒饭。这种悉心照顾学生的方式真的很棒，这个服务也充分体现了“身体是革命的本钱”这一理念。

4. 提供多样化的活动支持

首先，惠敏从大一开始就对中国产生了兴趣，于是开始学习汉语。为了体验中国文化，她想在暑假时去中国当一名英语教师。但实际上，一年级学生很难获得实习或去海外的机会，因为大多数机会都是面向二三年级的学生。炎炎夏日，成为中国英语教师的经历很辛苦，但是她非常感激能获得这个机会。中国学校提供了机票和住宿，并且在暑期项目结束后提供中国旅行。到了大二的暑假，她又在韩国实习了两个月，机票和期间的生活费用也得到了哈佛的资助。

大三的暑假，她为了毕业论文前往中国进行研究，为了做这项研究，她也刻苦学习了中文。期间的难题是需要支付在中国生活和研究两个月的费用。为了获得经济支持，她多方联系，最终收到了哈佛大学国际事务中心（Weatherhead Center for International Affairs）的通知，他们可以提供所有费用。即使是对大学生而言，能够获得研究上的经济支援也是令人惊讶的。因此，惠敏在三年级的寒假期间也没有回家，而是参加了名为“Teach for America（为美国教学）”的项目，留在波士顿为来自低收入家庭的学生授课，为当地社区进行志愿服务。这一次，她也得到了学校的帮助。尽管原则上假期不能留在宿舍，但学校为参加志愿活动而留下的学生单独提供了住宿和餐饮，惠敏也因此解决了食宿问题。此外，学校还提供了生活费用，这一切让她度过了一个有意义的寒假。

在大二的暑假，二女儿惠恩参加了在阿根廷举办的哈佛暑期学校。她从高中开始一直保持着学习西班牙语的习惯。通过参加阿根廷的西班牙语课程，她积累了宝贵的经验和技能。以前在去墨西哥传教时，她总需要在当地找翻译，但自阿根廷游学回来后，就能够完美地独自进行沟通了，这给她带来了极大的帮助。在上大学期间，坚持不懈地学习下来的西班牙语成了她的“亮点”，在申请实习时，她的语言能力也得到了认可。

学校积极支持语言教育，并特别安排机会让学生们在当地学习语言。完成大二学业后，惠恩利用一年的间隔年（Gap Year）时间进行了一次长期的旅行。她想通过实践体验来决定自己的职业道路是否真的适合自己。在休学期间，惠恩在位于华盛顿特区的非营利组织以及实验室担任实习生，然后回到华盛顿特区，在联邦住房城市发展部门工作。在这一年的时间里，在寻找感兴趣领域的实习时，得益于学校提供的信息和帮助，她轻松地找到了实习机会。由于休学期间没有经济支持，同学们的帮助让惠恩得以继续实习生活。大三返校后，惠恩还同时准备了法学院入学考试（LSAT），在大三暑假期间，她在一个为贫困民众辩护的非营利性国家法律援助组织做实习生。这次实习同样也得到了经济援助。

5. 提供最优质的校园生活

学生们在忙碌的学术生活中会不可避免地累积很多压力。此时，拥有能够缓解压力的业余活动是大有裨益的。我的孩子们就通过戏剧或亚洲俱乐部等课外活动得到了很大帮助。

惠恩将制陶作为了自己的业余活动。学校提供陶艺课程和烧制空间，只要有学生证，就可以在任何时间去制作陶器。这个课程是由学生教授的，但据说教授者已经达到了专业水平。大学四年级时，惠恩还开始了由专业教练教授的拳击课程。据说她的其他朋友们也会培养很多爱好，学习各种课程，然后在一起相互传授各种技能。

哈佛大学有一个引以为豪的地方就是图书馆。除了拥有宏伟的建筑，收藏了世界各地的书籍外，更为重要的是它给学生们提供了更多、更直接的福利。中央图书馆全天 24 小时开放，各个学院和研究生图书馆的种类也很多。我的女儿们最喜欢的图书馆是每个宿舍都配备的图书馆。其中一家宿舍的图书馆位于城市第二古老建筑中，由八间小房子组成，乔治·华盛顿总统也曾在这里驻足，这是一个承载着历史的传统建筑。在这样的图书馆里，通过预约，既可以进行小组会议，也可以和朋友一起看电影。

刚开始大学生活的惠星也充分享受着大学中的诸多福利。她为自己有趣且充实的大学生活而努力着，不仅认真听课，还去了姐姐们推荐的社团，计划参加自己喜欢的电影节。然而，在她满心欢喜地享受大学生活时，受突然暴发的疫情影响，不得不回到家中。在这期间中，惠星接手了哈佛科学杂志的编辑工作，她仔细阅读各种论文，也意识到流行病给人们带来的特殊意义。

从哈佛毕业后，惠敏与惠恩的选择

在高中阶段，惠恩对国际关系充满兴趣，并希望将来能在联合国工作。进入大学后，她决心专攻国际政治学，开始专注对中国和亚洲的研究。在完成二年级课程后，惠恩说想要挑战政治学博士学位，并希望成为一名大学教授，继续潜心研究。对于惠敏来说，这个工作很适合她，况且她最喜欢且最擅长的事情就是学习。我们全家都非常支持她的决定，因为无论她决定做什么，我们都相信她会做到最好。

想要申请硕博连读，论文至关重要。即使只是本科生论文，惠敏还是全力投入其中，认真做了很多研究，她说自己在写论文时得到了教授和助教的很多帮助。幸运的是，她的毕业论文荣获了政治学系颁发的最佳论文奖，还荣获了哈佛的最高荣誉——“优秀毕业生”的称号，成了优秀生联谊会（Phi Beta Kappa）的特别成员。在毕业典礼上，惠敏的指导教授告诉我们，他非常开心能拥有一位这么优秀的学生。后来，惠敏申请研究生时，大多数学校都发来了录取通知。

在惠敏毕业的那一年，当时哈佛大学的博士项目从政治学专业的本科生中选拔了唯一一名学生，也就是她。然而，为了丰富自己的学术经历，她最终选择了与哈佛大学风格完全不同的斯坦福大学，打算在那里完成硕博连读课程。

为了完成博士论文，惠敏在斯坦福大学刻苦学习。为了提高自己的中文水平，她甚至前往中国进行语言研修，还在那里进行了长达一年的学术研究。虽然不知道惠敏未来会去往何方，但我希望女儿无论是在哪个领域，都能成为一个为和平和正义而奋斗的工作者。

当我即将完成这本书的创作时，惠敏也完成了斯坦福大学的硕博连读课程。为了去大学工作，她申请了多所学校的教职。最终，她被美国陆军军官学校聘请为国际政治学教授。在美国成为政治学教授是一条狭窄而崎岖的道路，但惠敏充满信心地追求着她的目标。

惠恩大二结束时，她说自己没有信心能对自己的未来做出正确的决定，想要休学，去工作中思考自己适合做什么。在休学期间，她在多个政府机构、检验室和国家律师事务所完成了实习工作。回到学校读大三时，惠恩开始为进入法学院做准备。在这个过程中，法学院的专业顾问给予了很大的帮助，让惠恩了解到了一个面向哈佛大学本科生的推迟入学项目[①]。该项目基于大三之前的成绩、美国法学院入学考试（LSAT）和社会经历，可以以大三学生的身份申请哈佛法学院。惠恩起初对自己没有足够的时间来准备 LSAT 考

① 哈佛大学在内的一些法学院为学生提供的推迟入学项目，叫做 Junior Deferral Program，简称“JDP”

试而忧心忡忡，但是，她付出的努力和汗水没有白费，最终接到了录取通知书。这个计划让她能够在大四时安心地学习并为毕业作准备。

像惠恩这样通过该计划被录取的学生们，毕业后并不会立即进入法学院开始法律学习，这是因为入学条件是在毕业后的两年内要获得社会经验，比如旅行、志愿服务、就业等。我也觉得这样的要求非常棒！与其在太年轻的时候就开始学习法律并成为律师，不如多积累一些人生经验再开始学习法律，这样会成为更好的法律从业者。

有了两年的时间，惠恩说想要去西班牙，这样可以更流利地讲西班牙语。于是，她通过西班牙政府获得了一份助教的工作。在西班牙南北部，她体验了当地的文化和语言。但她工作的地方在农村，那里几乎没有亚洲人，难免遇到了一些难题。尽管如此，只要时间允许，惠恩就会去欧洲旅行，在那里结交新的朋友，其中不乏一些忘年之交。从那些有丰富经验的朋友身上，惠敏获得了启发，她说今后打算在学习法律时重点关注国际法，成为一名国际律师。

这样的经历不仅提升了惠恩的语言能力，而且也让她对自己感兴趣的领域产生了更浓厚的兴趣。我唯一的祈求是希望她能更加努力学习，为消除国家之间的不平等作出贡献。

后记

每个孩子身上都蕴藏着巨大的潜能

过去一段时间里，我们一直被反复问到这类问题："我要怎么才能上哈佛呢？""有什么特别的秘籍吗？""孩子们的社会经历有多丰富呢？""SAT 分数是多少呢？"可能是三个孩子都进入了哈佛，才会让很多人以为我们一定有什么了不起的秘诀和方法。当我们夫妇作出回答时，每一句话都被看作是专家的权威性言论，甚至还有一个人专门记录我们说话内容。

在极其普通、平凡的家庭中，三个孩子连辅导班都没上过，她们如何考上哈佛的呢？她们是美国少数族裔，进入美国主流社会困难重重，而且父母在语言障碍和文化困境面前至今仍在苦苦挣扎，无论如何，我们全家都算是社会弱势群体。可是，我的三个女儿与美国人不同，与同龄的孩子也不同。姐妹之间的个性更是不用说，大有不同之处。也许，正是因为这样的"不同"，女儿们才可以开启进入哈佛这所世界顶尖学府的大门。

当我们全家最初在美国乡村定居生活时，那里的生活方式和城市生活有很大的不同。虽然这似乎是理所当然的，但生活环境的不同所带来的差异也是巨大的。如果完全融入了美国社会，失去了对自己身份的认同，那么我们的三个孩子也许就没有机会进入哈佛大学。我告诉孩子们，无论多么努力融入主流社会，美国人永远不会承认她们的身份。因此，我教育孩子们，与其努力成为美国人，不如明确意识到自己的外貌、肤色、语言和文化都有所不同。即使拥有美国身份，可以正当地享受权利，或者英语说得很好，沟通不存在问题，但在美国人看来，她们仍只不过是英语说得非常好的东方人。我认为，在展示自己国家的身份认同和文化特色的同时，可以呈现出与众不同，引起美国人的兴趣和关注，因为他们的思维方式和文化是开放和自由的，在接受和认可我们的同时，一旦发现了优于自己的文明和文化，一定会得到他们的尊重和认可。

此外，当我们发现孩子们有与众不同之处时，便不会被外界的声音和诱惑所动摇。我们夫妻二人以自己的意志坚决地捍卫着已确定的原则和信念，这给三个孩子带来了安全感，并最终成为她们实现各自目标的动力。

对于孩子上学读书这件事来说，我从没有想过要接受入学咨询，也没有对孩子们进行过特别的辅导，女儿们能去读一个普普通通的公立学校就可以了。但最终三个孩子都进了哈佛大学，我不知道该怎么解释，只能说这是上帝赐予我们的恩典。

在孩子们成长的过程中，她们找到了自己要走的道路，我也发现了自己的使命。我的目标是为想要成为更好的父母的人提供一些帮助。希望这本书能够激发您的灵感和思考，使您成为一位更出色、更有能力的家长。

作者　沈活庆

2012 年，一则新闻报道了美国一所高中又有一名学生被哈佛大学录取的好消息，而且这所高中前后被录取的两名学生来自“同一个家庭”。这则新闻报道的主人公便是我的二女儿惠恩。当大女儿惠敏被哈佛大学录取时，当时的新闻就报道说这是“韩国人的骄傲”。接着，一个家里的两个孩子相继被哈佛大学录取，韩国人的圈子一下子沸腾起来。当时有一篇文章称，“如果现在就读中学的惠星也能进入哈佛大学的话，这三姐妹都能创造升学纪录了”，这则新闻让人充满了期待和憧憬。就在 7 年后的 2019 年，果不其然，小女儿惠星被哈佛大学提前录取了。这样，“哈佛三姐妹”的传说就此成为现实。

我曾在韩国接受教育并获得了硕士学位，之后和在同一所大学就读的丈夫结为夫妻。随后，我丈夫决定到美国深造，这促使我们全家移民美国。我们是东亚移民，在社会上属于少数群体，并且经济上也并不宽裕，但最终，我们克服了所有困难。

我们没有做过入学咨询，甚至没有给孩子们提供常见的辅导班课程，但令人惊讶的是，三个女儿都被哈佛大学录取了。于是，周围的人开始询问我们的秘诀是什么，从偶尔被问起到最后被越来越多的人关注，也让我开始思考：究竟是什么让女儿们成功越过了哈佛大学的门槛？

哈佛大学是世界范围内的人才荟萃之地，所以三姐妹必须尽最大努力，比其他人更加努力地学习。学习并不是靠坐在书桌前不停地看书就可以了，而是需要积极探索各种有趣的经历和机会。如果只是成绩出色的话，并不能从哈佛的激烈竞争中脱颖而出。因此，三姐妹不断激励自己，通过打造个性化、与众不同的人生故事、以爱与奉献精神，成为代表少数群体的声音，在美国这样一个“熔炉”中引领创新社会的发展。同时，这些都是三姐妹获得不可撼动的实力，获得全世界认可，获得成功的关键所在。

在过去的日子中，人们纷纷向我问起教育的“秘诀”，或希望我能分享自己的经验。可我不过是一个非常平凡、没有任何特别之处的人，那些成就都是孩子们取得的。在本书中，我介绍了三个女儿一路走来的全部历程，还介绍了孩子们如何克服困难、实现自己的目标；介绍了如何赋予孩子动力、如何让孩子更好地自我管理，以及有效的学习方法；还在书中分享了作为少数族裔的身份认同和角色定位，以及我们全家共克困难的感人经历。这是对之前无数问题的解答，也是我第一次将所有事情都毫无保留地分享给大家。

过去，我一直积极参与有关子女教育和养育的课程，倾听无数家长们的烦恼。同样，我也希望这本书可以为每一位读者带去温暖，传达出“你也做得很好”的慰藉；希望每一个人无论何时、何地都可以坚定自己的信念，实现自己的梦想；也希望每一位家长都能体验到发现隐藏在孩子内心的种子的喜悦。